행복<sup>+</sup>
# 멘토양성
실무기술

# 행복+ 멘토양성 실무기술

MENTOR

류재석 지음

이담 Books

# 행복 Plus 멘토양성 실무기술 서문(Preface)

한 사람을 소중히 여기는 멘토링(Mentoring)은 21C 다이나믹한 인재개발 기술로 각광을 받고 있다.

오늘날 대부분 조직에서 상위 1% 이내에 드는 위대한 지도자들은 한 가지 공통점을 가지고 있다. 바로, 지도자에게 가장 중요한 일은 좋은 인재를 발굴하고 그들을 주위에 두는 일이라고 믿는 것이다. 조직 스스로가 생산성을 향상시킬 수는 없다. 그러나 사람들은 할 수 있다. 어느 조직이든 가장 귀중한 자산은 바로 사람이다. 시스템은 옛것이 되고, 건물은 허물어지며, 기계는 낡아진다. 그러나 사람들은 자신이 가진 잠재된 가치를 인정해 주는 멘토를 만나면 성장하고, 발전하며, 유능한 인물이 된다.

임직원으로서 멘토의 스킬은 정해준 해답을 알려주는 게 아니라 멘제가 스스로 자신의 해결책을 찾도록 도와주는 것이다. 그래서 멘토에게 우선 필요한 스킬은 신뢰와 존경의 한마음을 갖는 일이다.

멘토링 활동에서 멘토가 갖추어야 할 조건은 먼저 인격을 갖춘 인재로 개발되어 풍부한 인간성을 갖는 것이다. 다음에는 멘토링 전문교육을 수강하여 직장의 인재개발에 앞장서고, 최종적으로 멘토링 활동 12개월 현장 실습을 마친 후에도 계속해서 신입직원, 경력직원, 관리직원, CEO 임원 등에게 멘토로 행복 플러스에 지원(Supporting)하

여 개인에게 만족감과 조직의 업무효율성에 기여하게 됨으로써 자연
스럽게 핵심인재로 인정받게 되는 것이다.


[멘토 양성 방법]

1. 인격멘토 – 인격총서 4권으로, 인격 프로그램 교육훈련으로 멘토
   를 양성한다.
2. 전문멘토 – 교육총서 10권으로, 멘토링 전문인력 교육으로 멘토
   를 양성한다.
3. 직장멘토 – Diamond 인재개발 교재로, 12개월간 현장학습 후 멘
   토로 양성한다.

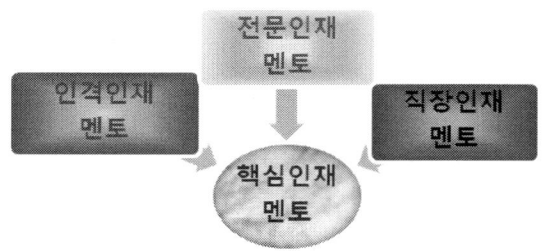

특히 멘토는 효과적인 측면에서 임직원의 특성과 눈높이에 맞춰
멘토로 양성해야 하고 멘토링 활동 기간에 멘토와 멘제가 둘이서 하
나되어 신뢰와 존경으로 한마음을 갖고 행복을 만드는 것이다.
아울러 멘토는 인간성 중심으로 개인에게 만족감을 주고 CEO는
생산성 중심으로 조직에 효율성을 높여 상호 간 멘토링 협력경영을
이루는 것이다.

# 행복 Plus 멘토양성법 내용(Contents)

## Part 1 멘토활동의 이론적 배경

지금 이 시간에도 세계는 변화하고 있다. 과연 이러한 변화의 와중에서 가장 중요한 핵심은 무엇일까? 경영 환경도, 기업도, 고객도, 경영 패러다임도 변화하고 있다. 하지만 가장 중요한 것은 그 기업을 구성하고 있는 구성원의 능력이 아닐까? 구성원들이 힘을 합쳐 조직을 위해 일하며, 그들의 역량을 키워 나갈 때만 이러한 변화의 와중에서 승리자가 될 수 있을 것이다.

멘토링 인재개발의 핵심사항은 멘제를 멘토화하는 것이다. 바로 피리더인 멘제를 리더인 멘토로 개발하는 것을 의미한다. 이러한 결과가 이뤄지고 멘제가 멘토로 활동을 개시할 때 바로 이기주의에서 이타주의로 180도 변화의 모습을 볼 수 있다. 이러한 상황을 멘토 리더십 효과라고 하며 이를 두고 인재경쟁력을 확보했다고 말할 수 있다.

제1장 멘토제도의 이론적 배경
제2장 멘토활동의 3대 기능
제3장 멘토활동 성격의 중요성
제4장 멘토링에 영향을 미치는 요인

## Part 2 멘토 다이아몬드 리더개발법

멘토 인재개발법은 한사람이 신입인재로 입사, 멘토와 연결되어 일반인재로, 관리인재로, 리더인재로 진급하여 조직에서 성공적인 인재로 인정받는 프로그램이다. 다이아몬드 모형의 리더십개발 의미는 야구경기장에서 주자(Runner)가 1루에서~2루로~3루로, 최종적으로 홈베이스로 홈인하여 승리의 주자가 되는 것을 의미한다. 이러한 멘토링 프로그램은 멘토와 멘제가 둘이서 하나되어 개인적으로 만족감과 조직적으로 리더십을 통한 인재경쟁력을 거두는 데 목적을 두고 있다.

제1장 멘토 인재개발 리더십
제2장 멘토 다이아몬드 리더개발 방식


## Part 3 행복 Plus 핵심 멘토양성 실무기술

멘토는 먼저 인격을 갖춘 인재로 개발되어 풍부한 인간성을 갖고, 다음에는 멘토링 전문교육을 수강하여 직장의 인재개발에 앞장서고, 최종적으로 멘토링 활동 12개월 현장 실습을 마친 후에도 계속해서 신입직원, 경력직원, 관리직원, CEO 임원 등 임직원의 눈높이 멘토로 지원(Supporting)하여 조직의 업무효율성에 기여하게 됨으로써 자연스럽게 핵심인재로 인정받게 된다.

제1장 인격 멘토양성 실무기술
제2장 전문 멘토양성 실무기술

## Part 4 행복 Plus 직장 멘토양성 실무기술

멘토링을 제도적으로 조직개발(Organization Development)에 도입함에 있어 특별히 신입직원, 경력직원, 관리직원, CEO 임원 등 직급별로 눈높이에 맞는 멘토를 양성하여 인간관계 촉진, 업무의 효율성, 그리고 인재 리더개발을 활성화하고자 하는 프로그램이다.

1. 인간 관계 개발
2. 업무 효율 개발
3. 인재 리더 개발


제1장 신입직원 눈높이 멘토양성 기술
제2장 경력직원 눈높이 멘토양성 기술
제3장 관리직원 눈높이 멘토양성 기술
제4장 CEO 임원 눈높이 멘토양성 기술

# 이 책의 감사(Thanks)

멘토링 코리아 설립 당시(1998.2.1) Bobb Biehl 박사(美 멘토링전문가)와 William Gray 교수(加 브리티시 대학)로부터 전화, 이메일, 책자 등의 귀중한 자료를 제공 받은 것에 대하여 두 분에게 진심으로 감사를 드린다.

초창기부터 한국적인 정서에 맞는 올바른 이론 정립과 생산성 확보에 필수적인 실행 프로그램을 개발하는 데 전문연구원으로 동참한 민홍기 박사, 김영회 박사, 최창호 박사, 최명국 박사, 탁충실 위원 그리고 최근에 합류한 김순환 박사, 이제빈 박사, 한광훈 박사, 김해영 박사, 조병용 박사, 김동철 박사, 김성일 군목, 조주영 박사, 안만수 박사, 김호정 원장, 전종현 위원, 박화현 위원, 문일상 위원에게 감사를 드린다.

멘토링 자격증을 취득하고 전문업체로 멘토링 보급에 파트너십을 하고 있는 이용철 원장(한국멘토링코칭센터), 나병선 대표(멘토링코리아컨설팅), 홍은경 소장(핸즈코리아), 이영남 대표(SMI KOREA)와 신정범 목사(청소년멘토링원장), 이순길 목사(멘토링교회개발원장) 등 현장에서 멘토링 보급에 앞장서고 있는 70명 멘토링지도사에게 감사를 드린다.

멘토링 불모지 한국에서 정부기관 도입에 앞장선 노동부 정원호

서기관, 농림수산부 신경순 사무관, 지식경제부 김영화 서기관, 행정안전부 이정래 서기관, 그리고 교육과학기술부 임용우 팀장, 한국장학재단 이경숙 이사장님, 아세아연합신학연구원 공보길 원장님께 감사를 드린다.

멘토링은 저자에게 하나님이 25년 만에 기도의 응답으로 주신 선물(Gift)이다. 이에 감사하는 마음으로 멘토링에 열정을 가지고 다이아몬드와 같은 고품질의 프로그램으로 개발하여 1) 하나님께 영광, 2) 조직개발에 기여, 그리고 3) 많은 사람에게 유익을 주어(고전 10:31~33) 하나님의 은혜에 보답하고자 한다.

저자의 멘토로서 8년간 저자에게 청교도 삶을 각인시킨(1980~1988) 故 김용기 장로님(가나안농군학교 설립자)과 대를 이어 멘토링 관계를 이어오고 있는 김평일 가나안농군학교 교장께 감사를 드린다.

이번 책은 그동안 저자의 기도의 응원군인 서현교회 김경원 목사님과 성도님들, 그리고 저자의 에너지 근원이 된 아내 임금자를 포함한 가족 류환, 류현, 한현숙, 류경헌, 류나안, 안성훈, 류지영, 안서연 모두에게 감사를 드린다.

마지막으로 어려운 여건 속에서도 기꺼이 출판을 맡아 수고한 한국학술정보㈜ 강태우 팀장을 비롯한 출판사 임직원들께 심심한 감사를 드린다.

2012년 6월 5일
저자 류재석

# Part 1

# 멘토활동의 이론적 배경

지금 이 시간에도 세계는 변화하고 있다. 과연 이러한 변화의 와중에서 가장 중요한 핵심은 무엇일까? 경영 환경도, 기업도, 고객도, 경영 패러다임도 변화하고 있다. 하지만 가장 중요한 것은 그 기업을 구성하고 있는 구성원의 능력이 아닐까? 구성원들이 힘을 합쳐 조직을 위해 일하며, 그들의 역량을 키워 나갈 때만 이러한 변화의 와중에서 승리자가 될 수 있을 것이다.

멘토링의 인재개발의 핵심사항은 멘제를 멘토화하는 것이다. 바로 피리더인 멘제를 리더인 멘토로 개발하는 것을 의미한다. 이러한 결과가 이뤄지고 멘제가 멘토로 활동을 개시할 때 바로 이기주의에서 이타주의로 180도 변화의 모습을 볼 수 있다. 이러한 상황을 멘토 리더십 효과라고 하며 이를 두고 인재경쟁력을 확보했다고 말할 수 있다.

# 제1장
## 멘토제도의 이론적 배경

## 1. 멘토링의 개념과 발전단계

### 1) 멘토링의 개념

멘토링(mentoring)이란 멘토(mentor)와 멘제(menger)가 일정기간 동안 인간관계를 맺고, 멘토가 자신이 가지고 있는 경험과 역량을 발휘하여 경험이 적은 멘제의 잠재적 역량을 최대한 개발할 수 있도록 지원해주는 과정으로, 이를 통해 멘토와 멘제 모두 성장할 수 있게 된다. 즉, 멘토링은 멘토와 멘제가 주체가 되어 일정기간 동안 인재개발을 위한 관계를 맺고 멘토의 경험과 역량을 발휘하여 멘제의 잠재적인 역량을 개발할 수 있도록 지원함으로써 상호 성장할 수 있는 과정으로 정의할 수있다.

멘토링은 전통적인 OJT와 달리 개발 내용에 직무 역량을 포함하여 인간성 우선으로 전인적인 인재개발을 추구한다. 또한 일방적인 교육이나 가르침이 아닌 쌍방향적 의사소통구조를 가짐으로써 멘제뿐만 아니라 멘토에게도 자기 발전의 기회를 부여한다. 조직적 측면에서 조직활성화 및 경쟁력 강화에 효과적임은 물론 개인적 측면에서도 자기주도적 평생학습 전략으로서 커다란 의미를 가진다고 할 수 있다.

여기서 멘토(mentor)란 "해당 직업분야에 능통한 사람으로서 인간적인 차원에서 조언과 격려를 해주는 조언자", "다른사람의 역량개발과 현장학습을 통하여 성장을 기꺼이 도와주는 사람"으로 지혜와 신뢰로 한 사람의 인생을 이끌어 주는 지도자라는 의미로 통용되고 있다.

[학자 정의]

Zey(1984)

멘토란 멘제에게 조직과 직무에 관한 많은 기술들을 전해주고 상담과 심리적 지원을 통해 자신감을 갖도록 해주며, 멘제가 승진하도록 마련해 주거나 영향력을 행사하는 사람

Kram(1983)

개인과 조직의 이익을 위해서 미숙한 종업원과 좋은 관계를 유지하며, 그의 개인적인 발전을 촉진시키는 경험 많고 생산적인 관리자

Noe(1988)

멘토는 경험이 많은 연장자로서 조직의 후배들에게 역할모형이 되고 조직에 진입하는 신입사원 들에게 그들의 경력계획과 개인관계개발과 관련된 지원 및 지도, 피드백을 제공해 주는 경험이 풍부한 연장자

Saur&Rasmussen(2003)

멘토링은 advising, counseling, teaching과 비교하기 어려우며, 멘토링이란 멘제의 생각, 그들의 미래계획, 그리고 그들이 나아갈 다음 단계에 대해서 토론할 수 있는 누군가를 보내주는 것

Shea(1992)

멘제의 잠재능력을 발견하고 개발하기 위하여 멘토와 멘제가 함께 상호작용하는 과정

Hendrick(1996) 연장자가 젊은이를 성공하도록 돕는 과정

Biehl(1997)

일생 동안 계속되는 관계로 멘토는 멘제가 신이 준 가능성을 발견하도록 도와줌

Clinton(1991)

멘토가 멘제에게 신이 준 재능과 역량을 전달함으로써 멘제를 능력있게 만드는 관계적인 경험. 멘토가 멘제의 성장과 리더십의 가능성을 파악하고, 그 가능성을 실현함에 있어서 멘제에게 의미 있게 영향력을 미치는 과정

Reingold(2001)

멘토링은 상사와 부하 간의 직접적인 조화와 상호관계라는 의미를 가지게 된다. 멘제란 "해당 분야의 경험은 부족하지만 충분한 잠재능력과 개발 가능성을 지닌 사람"으로 흔히 멘제는 멘토에 의해 가르침을 받는 수동적 존재로 생각하기 쉽다. 그러나 멘제는 충분한 잠재능력과 개발 가능성을 지닌 사람으로서 멘토의 도움을 받아 더욱 큰 발전을 이루어낼 수 있는 사람을 의미한다.

## 2) 멘토링의 정의

멘토(mentor)는 유명한 호머(Homer)의 서사시 오디세이(Odyssey)에 나오는 이타카왕 오디세우스의 친구 이름이었다. 왕이 트로이(Troy)

전쟁에 나갈 때 아들 텔레마쿠스(Telemachus)를 멘토에게 맡기고 지도를 부탁하였는데 20년 후 왕이 전쟁에서 돌아왔을 때 텔레마쿠스는 왕의 자질을 갖춘 지혜롭게 현명한 사람으로 성장해 있었다.

멘토는 텔레마쿠스가 완전한 인간, 즉 인격자, 용사, 지혜자, 왕자로서 성장하자 그토록 같이 있기 를 간청하는 텔레마쿠스를 과감하게 멀리하고 떠났다. 이렇게 하여 '멘토'라는 말은 그리스 신화 오디세이의 인물, 멘토에서 유래한 것이다. 멘토는 자신에 맡겨진 임무 즉, 텔레마쿠스를 성장시 키는 일을 완수하기 위해 온 몸을 던져 완벽하게 수행하였다. 우리는 자신의 임무가 완료되었을 때 미련없이 떠나가는 멘토와 텔레마쿠스의 관계를 통하여 멘토링을 발견할 수 있다.

국내에 멘토링이 들어온지는 30여 년 정도 된 것으로 추정할 수 있다. 특히 멘토링 도입에 큰 영향을 끼친 것은 미국산업교육협회에서 매년 정기적으로 발행한 멘토링에 관한 성과분석 보고서였다. 이 발표 자료를 회원인 HRD분야 전문가들이 인용한 것이 계기가 되었고, 또한 북미 지역에 유학하여 멘토링을 경험한 사람들에 의해 학계와 산업계에서 연구나 실험 대상으로 부분적으로 도입되었다. 최근 국내에서 멘토링이 크게 부각된 것은 맥킨지 컨설팅사의 21세기 인재전략보고 서가 '인재전쟁'(2002년 세종서적)으로 번역 출간되어 멘토링을 "인재전략의 놀라운 힘"이라고 격찬한 데 많은 영향을 받았다.

# 2. 멘토링의 발전단계

## 1) 멘토링의 발전단계

Kram(1983)은 18쌍의 멘토링에 대한 심층면접을 통하여 발전단계를 시작, 발전, 분리, 재정립이라는 4단계로 구분하였다. 각 단계를 구체적으로 살펴보면 다음과 같다.

[멘토링 발전단계]

| Phase | Definition | Turning Point |
|---|---|---|
| Initiation (입문) | 6개월~1년 (관계가 시작 되며) Senior Manager와 Junior Manager에게 중요성을 갖기 시작함 | -환상이 기대로 구체화 됨<br>-기대를 충족함: Senior Manager는 Coaching Challenging Work. Visibility을 제공하며, Junior Manager는 Technical Assistance, Respec, Desire To be Coaching을 제공함<br>-업무과제에 대한 상호작용의 기회를 갖는 것 |
| Cultivation (경작) | 2년~5년 (경력과 심리 사회적 기능의 범위가 최대한으로 확장되는시기) | -개인들은 Relationship으로부터 효과를 얻음<br>-의미가 있고 빈번한 상호작용의 기회가 증가함<br>-감정적 유대가 깊어지고 친밀감이 증가함 |
| Separation (독립) | 6개월~2년 (구조적인 역할 관계와 관계의 감정인인 경험에 변화) | -Junior Manager는 Guidance보다 일에 대한 자율성을 원함<br>-Senior Manager는 중년의 위기에 직면하고 멘토링 기능을 수행할 능력이 줄어듦<br>-직무순환이나 승진은 지속적인 상호 작용으로 기회를 제한함. 경력과 심리 사회적 기능는 더 이상 제공되지 않음<br>-차단된 기회는 긍정적 상호 작용을 저해하는 분노와 적개심을 만듦 |
| Redefinition (재정립) | Seperation 기간 이후 의 시간(관계가 종료 되거나 동료 관계와 같은 다른 형태로의 전환) | -독립 스트레스가 감소하고, 새로운 관계가 형성 됨<br>-이전의 형태와 같은 멘토관계는 더 이상 필요치 않음<br>-분노와 화가 감소되고, 감사와 존중이 증가함<br>-Peer Status는 달성됨 |

이 모델은 Initiation, Cultivation, Separation, Redefinition의 단계를 통해 mentoring relationship이 어떻게 이동하는지 설명해 준다.

## 2) 멘토링의 유형

멘토링을 유형별로 구분하면 두 가지로 나누어 살펴볼 수 있다. 하나는 전통적(Typical) 멘토링이며 또다른 하나는 제도적(System) 멘토링이다. 전통적 멘토링과 제도적 멘토링은 기능과 성과에 있어서 뚜렷한 차이를 보인다.

일반적으로 멘토링은 전통적인 멘토링 방식에 의하여 비공식적으로 일어난다. 그러나 멘토링이 조직에서 구성원이나 조직에 미치는 혜택이 뚜렷하기 때문에 많은 인사담당자들이 멘토와 멘제를 시스템적으로 연결하는 제도적적 멘토링을 사용하고자 한다. 하지만 이렇게 계획적으로 연결된 관계가 전통적 멘토링처럼 항상 좋은 결과를 주는 것은 아니다. 따라서 상대방을 서로 연결시켜 주는 특별한 방법이 요구된다.

### (1) 전통적(Typical) 멘토링

일명 비공식적 멘토링이라고도 한다. 전통적 멘토링은 개인 간 연결과 헤어짐이 자연스럽고 특히 멘토가 멘제에서 도움을 주려고 하고, 멘제는 멘토로부터 충고와 도움을 받으려고 할 때 자발적으로 발생하며 주로 상호 간의 신뢰와 인정을 통해 이루어진다. 멘토링의 형태는 초기에 그 차이점이 두드러지는데, 직장에서 비공식적 멘토링은 입사 초기에 상급자와 하급자의 비공식적 관계에 의해 발생하고, 업무 외적인 일에 의해서도 상호 관심의 대상이 되며 통상 멘토는 자발적으로 관심의 대상이 되는 멘제를 선정하게 된다. 또한 비공식적 멘토를 가지고 있는 멘제가 공식적 멘토를 가지고 있는 멘제보다 훨씬 더 많은 경력개발 기능과 심리 사회적 기능을 인지하고 있다고 말할 수 있다.

### (2) 제도적(System) 멘토링

일명 공식적 멘토링이라고도 말한다. 제도적 멘토링은 조직생활에 진입하는 신입자들에게 조직 생활에 필요한 여러 가지 규범, 가치 등을 알려주고 직무와 관련된 문제들을 해결할 수 있도록 조직에서 공식적인 방법으로 상호 연결 시켜준다. 공식적 멘토링은 조직에서 일 방적으로 지정하여 이루어진 것이므로 멘토와 멘제의 특성 및 조직의 특성을 고려해야만 그 유용성을 효과적으로 제공받을 수 있다. 조직에서 공식적 멘토링을 시행함으로써 비공식적으로 멘토링 관계를 형성하는 것보다 멘토를 찾는 데 어려움을 감소시킬 수 있다.

# 제2장

## 멘토활동의 3대 기능

먼저 멘토링의 목적은 한 사람(A Person)에게 멘토와 1:1 관계로 전인적인 인격 프로그램을 적용하여 차세대 한 리더(A Leader)로 세우는 일이다(Standing Together). 이러한 멘토링의 목적을 달성하기 위해서는 먼저 최초 멘토(B.C 1250년경)가 20년간 교재로 사용한 수학, 철학, 논리학이 오늘날 인격의 요소인 지(知)적인 면, 정(情)적인 면, 의(意)적인 면과 관련된 의미를 이해해야 한다. 특히 오늘날 멘토링 활동에서 멘토의 인격개발 활동은 먼저 잠재역량으로 내재하고 있는 멘토의 암묵적인 인격(Ex-Plicit)과 그리고 이미 외부로 표출된 형식적인 인격(Tacit)에 관한 두 가지 내용을 멘제에게 전인적인 프로그램으로 지원하는 것이다. 아울러 오늘날 기업 등 각 조직의 현장에서 포괄적으로 경력 관련 기능과 심리 사회적 기능, 역할모델 기능이라는 세 가지 요인으로 구분하여 소개한다.

# 1. 지적인 면과 경력개발 기능

## 1) 전문적 능력 기능(expertness skill function)

전문적 능력(expertness skill)은 한 개인이 특정한 분야에서 영향력을 가지도록 해주는 기술, 재능 및 특성의 집합체를 의미한다고 하였다. 멘토의 전문성 부족(lack of mentorexpertise)을 멘제에 대한 지도력 부족, 멘제에 대한 피드백과 커뮤니케이션 능력 정도 및 직무와 관련된 개인적인 능력 부족으로 보았다. 전문적 능력 기능은 조직 내에서 멘토의 업무와 관련된 전문적 역량과 유능성 정도, 판단력 및 멘제에 대한 지도력, 적절한 피드백 능력 정도이다(예: "나의 멘토는 우리 조직에 대한 많은 지식(정보)을 가지고 있다", "나의 멘토는 내가 소속한 부서에서 그의 전문능력(역량)을 인정받는다"). 이러한 멘토의 전문적 능력 기능은 멘제가 멘토를 지각함에 있어서 친근감과 신뢰 및 호감으로 작용하여 조직생활 및 업무수행에 긍정적인 영향을 미친다.

## 2) 후원 기능(Sponsorship)

후원 기능은 경력개발 기능들 중에서도 가장 쉽게 볼 수 있는 것으로서 멘제가 조직 내에서 바람직한 역할로 수평적 이동과 승진을 할 수 있도록 멘토가 기회를 제공해 주거나 승진의사 결정자에게 영향력을 행사하는 것을 말한다. 이는 멘토가 회의와 같은 공식적인 모임이나 또는 비공식적인 자리에서의 사적인 대화를 통하여 멘제가 다른 후보자들보다 좀 더 돋보이게 해주거나 다른 사람들과의 관계를 넓혀줌으로써 가능하다. 조직에서 멘제가 초기 경력단계에 있는 동안 후원 기능은 조직진입자가 좋은 평판을 얻고 널리 알려지며, 더 높은 수준의 직위를 준비하도록 하는 여러 직무기회를 접할 수 있도록 도와준다. 또한 후원 기능은 경력단계 중기나 말기 승진에도 결정적 요인으로 작용한다.

이러한 후원 기능은 멘토에게도 이익을 가져다주는데, 멘제의 업무성과가 우수하다면 그를 후원한 멘토의 판단력과 지원이 올바르다고 인정됨으로써 조직에서 신뢰도가 높아지게 되기 때문이다. 또한 멘토도 멘제를 후원함으로써 스스로 만족감과 자부심을 갖게 된다. 결국 장기적으로 후원 기능은 개인적인 발전과 조직으로부터 멘토와 멘제가 모두 인정받고 상호유익을 얻는 결과를 가져 온다.

### 3) 노출 및 소개 기능(Exposure and Visibility)

노출 및 소개 기능은 멘토가 멘제에게 멘제의 경력 발전에 영향을 미칠 가능성이 있는 다른 관리 자들과 문서상 또는 직접적인 접촉을 필요로 하는 업무를 부여하여 그들과의 관계를 갖도록 하는 등 멘제의 능력과 업무를 다른 관리자들에게 보임으로써 경력발전 기회를 증대시켜 주는 기능이다. 그러한 기회를 통하여 멘제가 진입하고자 하는 조직에 대한 학습기회를 얻게 되며, 이를 통하여 더욱 높은 수준의 조직운영에 대한 학습기회도 갖게 된다.

## 4) 지도 기능(Coaching)

지도 기능은 멘제가 부여된 업무를 성공적으로 수행하고 다른 사람들로부터 인정을 받으며 경력 목표를 달성하는 데 필요한 지식 및 기술을 전수해 주는 기능을 말한다. 멘토의 경력 초기에는 주로 조직에서 요구하는 역할, 행동, 규범, 비공식적 업무수행, 기술 등을 전해 주고 멘제의 운영 스타일에 작용하고 있는데, 이 단계에서 필요로 하는 정보를 공개적으로 얻을 수 있는 것은 제한적이며, 이러한 정보는 상위 관리자의 개인적이며 비공식적인 관계를 통해서만 얻을 수 있기 때문이다. 멘토의 지도 기능을 통하여 멘제는 조직 내의 비공식적이고 정치적인 관계에 대해 충분한 지식과 정보 기능을 갖게 되고 이러한 정보는 경력 향상에 결정적인 역할을 한다.

## 5) 보호 기능(Protection)

보호 기능은 노출 및 소개와는 반대로 멘제와 다른 관리자들과의 접촉이 시기가 적절하지 않거나 멘제에게 좋지 않은 영향을 미칠 가능성이 있는 경우에 멘제를 그로부터 보호해 주는 것을 말한다. 즉, 멘제가 스스로 주어진 업무에서 만족할만한 성과를 올리기 전까지 멘토가 멘제의 노출 및 소개를 유보시키고 멘제의 평판을 위협하는 불필요한 위험을 줄여주는 등 멘제에게 좋지 않은 영향이 있는 경우에 멘제를 보호해 주어, 경력발전의 저해요인이 될 가능성을 줄여 멘제의 경력 향상을 후원한다.

## 6) 도전적 업무부여 기능(Challenging Assignments)

이 기능은 멘토가 멘제에게 새로운 기술을 습득할 수 있는 도전적인 업무를 부여하고 그에 필요한 기술지원과 계속적인 성과에 대한 피드백을 제공함으로써 멘제의 업무수행 및 능력을 개발시키고 성취감과 자신감을 갖고 더 나아가 경력개발을 할 수 있도록 도와주는 기능이다.

한편 멘토가 멘제에게 이러한 역할을 수행하도록 하기 위하여 멘토 자신이 멘제의 업무에 숙달되어 있어야 하며, 이를 통해 멘제가 기술을 습득하게 되면 멘토는 그 업무에 대해서는 멘제로부터 많은 도움을 받을 수 있기 때문에 그로부터 생기는 여유를 통하여 다른 책임분야에 더 집중할 수 있게 된다. 다른 경력 기능이 업무와 승진에 대한 가능성을 열어주는 기능이라면 도전적 업무부여 기능은 직접적인 업무처리를 위한 능력을 신장시켜 준다는 점에서 차이가 있다.

# 2. 정적인 면과 심리 사회적 기능

## 1) 수용 및 지원 기능(Acceptance and Confirmation)

심리 사회적 기능은 멘토와 멘제에게 서로 간 공유되는 긍정적 신뢰를 바탕으로 상호 간 호의와 상호존중을 통해 멘제의 자아의식을 높여주는 기능을 말한다. 멘토가 멘제를 하나의 인격체로 대하고 존중해주고, 인정해주며 업무상의 실수까지 용납하여 해결방안을 제시

해주는 등 멘제가 조직생활을 할 때 안정감을 가질 수 있도록 지원해
줌으로써 멘제가 자신감 있게 새로운 해결 방식을 습득해 나가게 된
다. 멘토도 이를 통해 심리적인 만족감을 얻게 된다.

## 2) 상담 기능(Counseling)

이는 멘제가 자신에 대해 부정적인 생각이나 기능을 할 수 있는 개
인적인 문제들에 대해 멘토와 멘제가 서로 생각과 관심을 나눔으로
써 심리적인 안정과 만족을 고양시키는 것이다. 즉 멘제가 가지고 있
는 고민, 두려움, 혼란, 불안 등과 같은 내적 갈등을 멘토에게 상의하
고 멘토는 자신의 경험에 비추어 해결방법을 제시하거나, 함께 고민
함으로써 효과적으로 대처할 수 있도록 도와 주는 것이다.

## 3) 우정 기능(Friendship)

우정 기능은 멘토와 멘제가 서로 호의적인 관계를 갖고, 서로를 이
해하며 업무와 업무경험들 이외의 상황에 대해 즐거운 비공식적인
교환의 결과를 낳는 사회적 상호작용이다. 즉 멘토와 멘제가 업무상
또는 업무 이외의 사적인 비공식적 관계를 맺음으로써 서로를 이해
하고, 호의적 관계를 유지하는 기능이다. 이는 취미생활, 식사 등을
같이 하면서 업무로부터의 압박을 해소하고 이를 통하여 초기와 중
기의 어려운 과업 수행을 향상시킨다.

## 3. 의적인 면과 역할모델 기능(Role modeling)

역할모델은 멘토가 기존의 조직구성원으로서 조직에 진입하는 멘제들에게 조직 내에서 업무를 수행하거나 역할을 이행함에 있어서 역할 전수자로서의 적절한 행동방식과 태도, 가치관 등을 전해주는 기능이다. 멘제는 멘토를 바람직한 역할모델이나 준거의 틀로 설정하고 닮아가는 것으로 조직 내 멘제 역할수행에 있어서 효율성을 고양시켜 주는 기능이다.

멘제가 멘토를 닮아가는 과정은 매우 복잡하다. 어떤 경우에 멘제는 멘토의 특정 면만 닮으려 하고 다른 면들을 거부한다. 즉 멘제는 멘토의 역할 전체를 본받는 것이 아니라 멘제의 여러 가지 행동 형태 중에서 자신이 본받고 싶어 하는 부분과 거부하는 부분을 구분하여 선택한다는 것이다. 반면, 멘토를 전적으로 받아들이고 모든 면을 닮고자 하는 경우도 있다. 이러한 측면은 시간이 경과에 따라 변화하기도 하는데, 이처럼 시간이 경과할 수록 멘토를 선택적으로 닮아가는 과정을 통해서 멘제는 더욱 명확한 자신에 대한 자아상을 발전시키고 역할모델이었던 멘토로부터 일치된 면들을 개발할 수 있다. 또한 그 모형은 멘제 자신의 태도, 개인적 가치 등을 형성한다.

# 제3장

## 멘토활동 성격의 중요성

## 1. 성격의 정의

역량의 구성 요소 중 특성(traits)은 특정 상황이나 정보에 대해 일관성 있게 반응하는 성향 (dispositions)으로 성격(personality)과 능력 (ability)으로 구분한다. 이 중 성격은 외부 환경에 대해 특정한 방식으로 반응하는 기질로, 개인마다 다르고 비교적 잘 변하지 않는 가장 안정적인 성향이다. 그러므로 성격의 이러한 안정적인 성향은 인간 행동에 연속성을 부여하여 새로운 환경에서도 개인행동을 예측하는 데 도움을 준다고 할 수 있다.

즉, 성격(personality)은 한마디로 표현할 수 없는 매우 다양한 요소들로 결합된 복잡한 개념이기 때문에 이에 대해 명확한 정의를 내린다는 것은 어려운 일이지만, 일반적으로 환경적 조건에 큰 영향을 받지 않으면서 비교적 장기적으로 일관된 행동양식을 결정해 주는 개인의 독특한 심리적 특성들의 총체로 이해할 수 있을 것이다.

성격은 다양한 시간과 상황에 걸쳐 어느 정도 안정적이며, 다른 사람과 구별되는 특징적인 사고, 감정 및 행동의 양식이다. 그러나 성격의 하부 구조와 내용을 규정하고 해명해주는 모델은 시대 에 따라 계속 변화되어 가고 있다.

주로 성격을 포괄적으로 정의하거나 개인의 성격을 나타내는 상대적인 고정구조로 설명할 때, 5요인(Five Factor Model)을 사용한다. 이 모델은 개인을 설명하거나 분류하기 위한 5가지 범주로, 조직 연구에서 사용하는 대표적인 성격모델(personality model)로써 다양한 개인의 특질(traits)을 포함하고 있다.

## 2. 성격 5요인 모델(Five Factor Model)

인간의 성격은 시간과 상황에 걸쳐 지속적이며 한 개인을 다른 사람과 구별해주는 특징적인 사고, 감정 및 행동양식으로 정의되어 왔다. 개인의 성격은 자신이 종사하고자 하는 직업을 선택하는 데 영향을 미칠 뿐만 아니라 다양한 장면에서의 개인의 수행에도 영향을 미칠 수 있다. 최근에 많은 성격심리학자들이 일반적으로 성격이 다섯 가지 요인(외향성, 호감성, 성실성, 정서적 불안정성, 경험에 대한 개방성)으로 구성되어 있다는 데 의견의 일치를 보이고 있으며, 이러한 5요인이 성격 특성들을 분류하기 위한 유용한 체계로 사용되고 있다.

## 1) 외향성(Extraversion)

'외향성(Extraversion)'은 타인과의 교제나 상호작용을 원하고 타인의 관심을 끌고자 하는 정도를 나타낸다. 외향성 요인과 관련된 특성들은 적극성, 사교성, 자기주장성, 활동성, 주도성, 집단성 향성 등이 있다. 이 요인은 '야망'과 '사교성'이라는 두 가지 하위요인으로 구성되어 있다.

외향성이 높은 사람은 자기주장이 또렷하고, 활동적이며 적극적이고 흥미를 추구하며 다소 수다스럽지만 낙천적인 성격 특질을 가진 긍정적인 감정상태를 가지고 있다. 과거에 외향성과 내향성은 에너지 수준의 차이가 부각되는 쪽으로 개념이 변화하였다. 즉, 충동적인 측면이 점차 밀려난 것이라고 할 수 있다. 많은 연구자들이 긍정적 정서의 경험이 외향성 자체의 구성요소이며 나아가 핵심이라고 믿는다.

외향성의 멘토는 멘제와 이야기하기를 좋아하고 멘제의 신체적 활동에 적극 참여하거나 신입자를 돕는 것을 꺼려하지 않을 것이므로 멘토링 기능을 더 많이 활용해야 할 것이다. 그리고 외향성의 멘제는 멘토의 도움을 적극적으로 받으려고 노력하며 체육활동 등 오락활동에 자주 참여할 것이며 멘토와의 접촉을 긍정적으로 받아들일 것이다.

## 2) 호감성(Agreeableness)

'호감성(Agreeableness)'은 타인과 편안하고 조화로운 관계를 유지하는 정도를 나타낸다. 호감성 요인에서 높은 점수를 보이는 사람들은 정중하고, 협조적이고, 관대하고, 양보하고, 인내심 있고, 세심한 배려를 해주고, 부드러운 마음을 가지고, 이타적인 특성을 지니고 있다. 반면에 낮은 점수를 보이는 사람들은 적대적이고, 타인에 대하여 무관심하고, 자기중심적이고, 질투심이 많은 특성을 나타낸다. 호감성은 사회적으로나 심리적으로 건강한 생활을 하게 하고, 호감성이 높은 개인은 적대적인 개인보다 인기가 많은 것도 사실이지만 자신의 이익을 위해 싸우려는 자세가 부족하거나 과학적 분석을 정확히 해내기 위한 회의나 비판적인 사고가 부족할 수도 있다. 이 요인은 '친근성(Friendliness)' 이라고 불리고, '사회적 동조성(Social Conformity)'이라고도 불린다.

## 3) 성실성(Conscientiousness)

'성실성(Conscientiousness)'은 사회적 규칙, 규범, 원칙들을 기꺼이 지키려는 정도를 나타낸다. 성실성 요인에서 높은 점수를 보이는 사람들은 열심히 일하고, 신중하고, 철저하고, 책임감이 강하고, 계획성이 있고, 신뢰감을 주는 특성을 나타낸다. 반면 성실성이 낮은 사람은 주의가 산만하고 부주의하며 믿음이 가지 않는다. 이들은 또한 행동에 일관성이 없으며 생활에 계획과 목표가 없다. 성실성에는 유능감, 조직화 능력, 책임감, 목표지향성, 자기 통제력, 완벽성이 포함되며, 일과 가장 관련이 있는 특질 요인들로 이루어져 있다. 한편 이 요인을 '신뢰성(Dependability)'이라고 부르며, '성취의지(Will to Achieve)' 라고 명명한다.

## 4) 정서적 불안정성(Neuroticism)

'정서적 불안정성(Emotional Stability)'은 정서적으로 얼마나 안정되어 있고 자신이 세상을 얼마나 통제할 수 있고 세상을 위협적이지 않다고 생각하는지 그 정도를 나타낸다. 정서적 불안정성 차원에서 반대쪽 특성은 걱정이 많고, 긴장되어 있고, 불안하고, 우울하고, 변덕이 심하고, 의기소침하고, 까다롭고, 화를 잘내는 것 등이다.

이 요인을 '신경질적 성향(Neuroticism)'이라고 부르고, 즉 정서적 불안정성은 자신이 주어진 환경을 통제할 수 있는가의 여부와 세상을 위협적으로 보지 않는 정도를 나타낸다. 정서적 불안정성이 높은 사람은 사고가 비합리적이고 충동을 조절하지 못해 스트레스에 매우 취약하다.

정서적 불안정성의 멘토는 공식적으로 자신에게 맡겨진 멘제를 부정적으로 받아들이기 쉽고, 그를 따뜻하게 대하지 못하며 멘토링은 거의 없을 것이다. 그리고 신경성의 멘제는 멘토와의 관계에 부정적으로 대응하기 쉬우며 회식이나 체육활동에 잘 참여하지 못하고 멘토링을 많이 수용하지 못할 것이다. 특히 멘토와 멘제가 모두 신경질적인 사람인 경우에는 멘토링이 활발하지 못할 것이다.

## 5) 경험에 대한 개방성(Openness to experience)

'개방성(Openness to experience)'에 대해서는 많은 논쟁이 있다. 지적이고 상상력이 풍부하며, 인지적인 항목들이 특징이 되는 요인으로 나타나고 이 요인을 지능(Intellect)의 한 형태로 보기도 한다. 한편 이

지적인 측면 이외에 창의적이고 독창적이며 도전적인 면을 포함하고 있기 때문에 이 요인을 '개방성(Openness)'이라 명명하기도 한다. 개방성을 가진 멘토는 멘제에게 호기심을 가지고 대할 것이며 많은 멘토링의 기능을 제공할 것이다. 또한 개방성을 가진 멘제는 멘토로부터 많은 도움을 받으려고 노력할 것이다.

# 3. 효과적인 연결과 성격 유사성

성격 유사성에 관한 내용을 살펴보면, 멘토와 멘제의 성격과 가치 모두 연결(Match)의 중요성에 초점을 맞춘 연구에서는 개인의 성격은 멘토링의 성공 여부에 중요한 변수이며, 이 가운데 성격 5요인 모델(Five Factor Model)이 좋은 성격 사례가 된다. 효과적인 멘토는 높은 사교성을 소유하고, 적어도 적정 수준의 개방성, 감정적인 안정성, 의지성과 외향성을 지닐 필요가 있고, 가치는 혁신, 세부사항에 대한 주의, 성과지향, 공격성, 상호지지, 팀 지향성, 결단력을 포함한다. 멘토와 멘제는 이러한 가치에서 유사성을 보이면 효과가 더 높았고, 성격과 가치에 대한 고려는 멘토와 멘제의 "관계를 잘 형성하는 것"을 돕도록 이끈다.

상사와 부하의 관계에서 성격 유사성의 효과는 상사와 부하의 유사성이 관계의 질을 더 높일 수 있고 동료나 상사와의 성격 일치가 선발과 배치를 결정하는 데 중요한 요인이 될 수 있다. 유사한 성격을 가진 사람들은 다양한 차원에서 서로를 높이 평가하고 성격이 행동에 영향을 미치며 따라서 성격이 유사한 사람들은 유사하지 못한 사람들에 비해서 서로의 행동을 더 잘 예측할 것이다. 또한 두 사람 간의 성격이 유사한 경우는 그렇지 못한 경우에 비해서 두 사람 간의 신뢰와 만족이 더 쉽게 형성될 가능성이 높았다. 사람들이 자신과 유사한 사람을 좋아하고, 실질적으로 자신이 선호하는 부분에서 잘 맞는 사람과 함께 일할 경우 그렇지 않은 사람들에 비해 더 높은 조직 몰입과 낮은 이직의도를 보여 준다. 그러므로 개인의 인구통계학적 변인이 다른 팀 구성원들과 다른 경우 더 많은 이직을 보인다.

그러므로 효과적인 멘토링 관계가 형성되기 위해서는 멘토링 관계의 초기에 멘토-멘제 간의 공유된 가치관이나 관심사 또는 이해관계에 대해서 멘제가 인식하고 있을 때 긍정적인 결과를 가져오고, 특히 서로에 대한 호감, 매력 등이 있을 때 더욱 긍정적이라고 밝히고 있다. 또한 매력과 호감에 따른 태도의 유사성이 멘토링 관계에 긍정적 영향을 준다고 밝히고 있다. 이처럼 사람들이 자신과 유사한 사람을 좋아하고, 더 유사할수록 더 좋아하는 경향은 여러 가지 사회 심리학 연구에서 증명되어 왔다.

공식적으로 멘토링을 실시하고 있는 기업에서는 조직에서 일방적으로 멘토-멘제를 상호연결시켜 주기 때문에 이렇게 계획적으로 연결된 관계가 좋은 결과를 얻기 위해서는 상대방을 서로 연결 시켜주는 특별한 연결방법이 요구되고 있다.

# 제4장

# 멘토링에 영향을 미치는 요인

　한 사람이 다른 어떤 사람의 개인적이거나 직업적인 생활에 행사할 수 있는 영향력의 정도인 포괄성과 두 사람의 인간적인 관계에 있어서 상호 간의 몰입의 정도인 자발성이 두 사람을 멘토-멘제관계로 이끈다고 보고 이러한 포괄성과 자발성이 강할수록 멘토관계가 보다 강해질 수 있다. 멘토관계의 있어서 영향을 미치는 요인으로 멘제의 자기통제위치와 직무몰입 정도, 경력계획 정도, 인간관계에 대한 중요성 부여 정도, 성별 등이 있다. 멘토와 멘제의 사회적 배경이 멘토관계에 영향을 주며 성별차이가 멘토의 기능과 효과성에 차이를 가져온다. 또한 심층면접을 통하여 여성이 남성보다 멘토에의 접근이 제한되어 있으며, 멘토들이 그들과의 관계를 꺼리는 경향이 많고, 상사나 동료들이 인정해주지 않는 경우가 많으며, 이성적 관심으로 오해받기가 쉽기 때문에 남성에 비해 멘토관계 형성에 더 많은 장벽을 느낀다. 멘토관계는 멘토와 멘제 그리고 조직 간 교환 관계의 산물이라고 하였으며, 대인관계적 변수를 포함하는 매우 복잡한 것이다. 또한 멘토의 특성과 멘제의 특성 그리고 조직이나 집단의 상황적 여건이 멘토링, 즉 멘토와 멘제의 상호작용의 정도와 질(quality)에 영향을 미쳐 결국 멘토관계의 결과에까지 영향을 미치게 된다. 역시 멘토관계는 집단이나 조직의 다양한 특성에 의해 영향을 받는다. 그러므로 멘토관계에 대한 영향요인의 파악은 단순히 멘토와 멘제의 개인적 특성뿐만 아니라 조직의 상황적 요소, 그리고 멘토와 멘제 사이의 관계적 요소까지도 고려해야 한다. 멘토의 개인적 특성, 멘제의 개인적 특성, 조직과 집단의 상황적 특성 그리고 멘토 – 멘제 간의 관계특성 측면에서 멘토관계의 정도, 멘제가 멘토에게 몰입하는 정도와 멘제에 대한 멘토의 역할수행에 영향을 미치는 요인을 살펴보고자 한다.

# 1. 멘토의 개인적 특성

## 1) 연령 및 연령차이

일반적으로 멘토는 멘제보다 연령이 높다. 멘토는 멘제에게 도움을 줄 수 있는 필요한 경험을 축적할 만큼 나이가 있어야 한다. 25~35세 사이의 멘제들은 2/3 이상이 40대 혹은 중년의 나이에 있는 멘토를 가지고 있다. 또한 첨단산업 관련 조직에서 대부분의 멘제가 멘토보다 연령이 낮은 것으로 밝혀졌다. 멘토와 멘제와의 연령 차이에 대한 연구에서 적절한 연령차이가 멘토의 기능 수행에 긍정적인 영향을 미친다. 멘토가 멘제에 비해 8~15년 정도 연령이 많으며 연령차가 20년 이상이 되면 그 관계는 부모와 어린아이의 관계가 되어 멘토 역할 수행은 감소한다. 멘토의 연령에 대해 멘토가 멘제보다 20~30세가 많을 경우, 세대차이로 인한 멘제와의 차이로 인하여 의사 소통의 문제가 발생할 수 있다. 그러므로 멘토의 연령은 멘제에게 멘토로서의 역할을 수행하는 데 영향을 미치며, 또한 멘제가 멘토를 자신에게 도움을 줄 수 있는 사람으로 인식하는 데 중요한 영향을 미친다.

## 2) 성별

멘토링에서 멘토가 동성의 멘제를 선호하는 경향이 있는데 이는 동질성(consubstantiality)이라는 개념적인 것으로서 설명할 수 있고 상호작용을 하는 한 쌍의 개인들이 특성, 신념, 가치관 또는 사회적 요인에 있어서 유사한 정도에 기초한 것이다. 즉 동질성이 강한 개인들이 그렇지 않은 사람들보다 관계의 질(Quality)이나 강도가 높다는 것이다. 또한 멘토관계에 있어서 멘토의 성별과 멘제의 성별이 다를 경우에는 특별한 복잡성이 있다. 이것은 두 대상자 모두 성적 긴장(Sexualtension), 불안감과 남성 또는 여성에 대한 상동적 태도(Stereotype) 등이 증가하기 때문이며, 상동적 태도는 심리 사회적 지원을 하는 대인관계를 방해한다. 따라서 멘토의 성별은 멘제에 대한 멘토의 역할 수행에 영향을 미치며, 또한 멘토의 멘토관계에 대한 적극적인 태도에도 영향을 미친다고 하겠다.

## 3) 조직 내의 지위

멘토가 멘제보다 조직에 있어서 직위 또는 직급이 더 높은 것이 일반적이다. 멘토가 조직 내에서 직위가 높을수록 조직에 있어서의 경험이 풍부하므로 멘제에게 제공하는 정보의 양이 많기 때문에 조직 내에서 멘토의 지위는 멘토관계에 있어서 매우 중요한 영향요인이다. 즉 멘토의 역할 수행의 정도가 높다는 것이다. 또한 멘토가 조직에서 직급이 높아질수록 멘토의 경력 기능과 사회 심리적 기능을 더욱 성공적으로 제공한다. 따라서 멘토관계에 있어 멘토의 조직 내에서의 지위 또는 직급은 조직 내에서의 영향력 행사 여부를 결정하므로 결국 멘제에 대한 멘토의 역할수행의 정도에 영향을 미친다고 하겠으며, 멘토가 조직에서 높은 지위나 직급에 있다는 것은 멘제 자신에게 많은 것을 제공하거나 도와줄 수 있다는 것을 의미하므로 멘제는 멘토와의 관계에 더욱 몰입하게 된다고 할 수 있다.

## 4) 권력 및 권력욕구

앞에서 살펴본 것과 같이 멘토는 높은 지위에 있기 때문에 그만큼 조직 내에서 많은 권력을 보유하고 있다. 성공적인 관리자들은 그렇지 않은 관리자들보다 좀 더 강한 권력 욕구를 갖고 있음을 발견했으며, 멘토관계에 있어 멘제의 성별이나 연령보다 조직 내에서의 지위와 권력, 구성원들의 존경 여부가 더욱 중요한 변수다. 이러한 이유에 대하여 직무를 성공적으로 수행하는 멘제를 가진 멘토가 동료나 상사로부터 존경과 지위를 얻는다는 사실이고, 멘토의 권력이나 권력욕구가 멘제에 대한 역할수행 정도에 영향을 미친다.

## 5) 자기확신 또는 자신감

멘토는 일반적으로 하위자들의 발전과 욕구에 관심을 가지는 자기확신(Self-Confidence)을 가진 사람들이다. 앞서 계층적인 후견인 역할 수행에서 보았듯이 멘토는 멘제에게 경력 기능, 심리 사회적 기능, 역할모형 기능 등을 수행함에 있어 조직 내부의 평가 및 평판에 대해 매우 신경을 쓰고 있음을 알 수 있으며, 만약 멘토가 경력 경로 상에서 실패했을 경우 멘토에게 돌아오는 조직의 평가 및 평판은 멘토관계에 매우 심각한 영향을 미치게 된다.

그러나 자기확신 또는 자신감이 높은 멘토는 멘제가 앞으로 더 성공적으로 과업을 수행할 수 있다는 것을 보여주기 위해 멘토 역할수행의 강도를 높이게 될 것이며, 멘제는 그러한 실패를 경험하지 않도록 더욱 노력할 것이다. 그러므로 멘토의 자기확신 또는 자심감은 멘토관계에 중요한 영향을 미치게 된다고 하겠다.


## 2. 멘제의 개인적 특성

멘토는 멘제를 선택하는 이유를 훌륭한 성과, 사회적 배경, 임원과의 사회적 친분, 단정한 복장, 사회적 유수성, 높은 가시성 등이라고 제시하고 있다. 즉 멘토의 관심을 끌기 위해서 멘제는 일정한 특성을 갖추어야 한다.

멘제의 연령과 멘토관계에서 멘제의 연령은 멘토가 멘제를 선발하는 과정에서 매우 중요한 요인으로 고려해야 한다고 볼 수 있다. 또한 여성 멘제는 여성 멘토보다 남성 멘토와의 관계에서 과보호, 더 큰사회적 거리감, 불편함을 경험할 가능성이 크다. 반면에 여성 멘제는 남성 멘토와 정서적 연대를 형성하기가 쉽다고 주장하였다. 따라서 멘제의 성별도 멘토관계의 성격과 효과에 영향을 미칠 수 있다. 조직 내 하위자의 권력과 자율성을 증대시킴으로써 성취욕구와 사기가 증진될 수 있다. 그러므로 멘제를 멘토관계로 이끄는 멘제의 개인적 욕구와 관심도 멘토관계의 효과에 영향을 미치게 된다.

# 3. 상황적 특성

## 1) 조직특성

멘토관계는 관계의 지속기간의 단면을 보여주는 조직적, 직업적, 대인관계, 직위적 변수를 포괄 하는 매우 복잡한 주제라고 할 수 있다. 멘토관계에 영향을 미치는 계층적 조직구조와 승진체계상의 조직적 특성을 규명하였는데, 많은 관리계층의 존재, 위원회 중심의 승진 의사결정체계, 피라미드형 직위체계는 멘토관계의 중요성과 그 필요성을 높이고 있다. 특히 멘토에게 가능성 있는 후보자 규명 기회를 제공하는 프로그램 등은 많은 전문가들이 다양한 종업원들과 접촉할 수 있게 한다. 또한 조직 특성이 멘토관계의 과정에 미치는 영향을 검증하기 위하여 조직 간 연구가 필요하다. 따라서 상이한 조직구조와 과정은 멘토관계의 빈도와 질, 결과에 영향을 미친다.

## 2) 경력 및 직업

심리학자인 여성 멘제들의 대부분이 남성 멘토를 갖고 있음에 반해, 사회적인 업무에 종사하는 여성 멘제들은 대부분 여성 멘토를 가지고 있었다. 이는 직업이 멘토관계에 참가하는 사람의 성별뿐만 아니라 멘토관계의 성격과 그 결과의 중요한 결정요소다. 따라서 직업이 멘토의 성별에 영향을 미친다는 사실이다.

## 3) 직위

첫 번째 또는 두 번째 관리직위에 있는 사람들이 멘토로서 지원할 수 있는 상위 수준의 관리자들을 많이 가진다는 사실을 보여준다. 즉 조직 내에서 개인들이 상위계층으로 올라갈수록 멘토를 활용할 수 있는 관리자의 수는 줄어들게 되는 것이다. 따라서 멘제의 직위는 멘토를 활용할 가능성에 영향을 미친다고 하겠다.

## 4) 사회적 네트워크/대인관계

최고관리자와의 접촉기회는 멘토에 의해서 제공될 수 있고 동료 또한 멘제의 경력성공에 영향을 미칠 수 있다. 이러한 상황은 조직 내 최고관리자와 멘토 간의 대인관계/사회적 네트워크, 멘제와 동료 간의 관계, 멘제와 부하 간의 관계들을 포함한다. 이는 멘토관계가 존재하는 전체적 맥락의 멘토 기능에 중요한 결정요소이다. 즉 동료네트워크는 멘토관계에 있어 지원적인 대안으로서 작용할 수 있다. 그러나 이러한 멘토관계의 개념적인 연구와는 달리 한 사람이 다른 사람의 개인적이거나 직업적인 생활에 행사할 수 있는 영향력의 정도인 포괄성과 두 사람의 인간적인 관계에 있어 상호 간의 몰입의 정도인 자발성이 두 사람을 멘토관계로 이끈다. 또한 멘토관계의 연구에 있어 개인적 특성요인과 조직적 요인에 관한 연구가 필요하다. 특히 개인적 특성차원에 있어서도 멘제의 특성에 관하여 멘토관계에 영향을 미치는 요인으로 멘제가 어떤 행위에 대한 통제 소유의 위치에 따라 그리고 일에 몰입 정도, 경력계획 정도, 조직 내 인간관계에 대해 부여하는 중요도, 멘제와 멘제의 성 등에 따라 멘토관계에 다른 영향을 미칠 수 있다. 그리고 멘토와 멘제의 사회적배경이 이러한 멘토관계에 있어서 매개작용을 한다.

## 4. 멘토 - 멘제 간의 관계 특성

멘토관계는 멘토링에 영향을 미치는 것으로 멘토와 멘제의 개인적 특성 그리고 상황적 특성요인 이외에도 관계 자체의 특성이 멘토링에 영향을 미친다. 멘토링이 멘토와 멘제가 서로 상대방을 인식하고 선택하는 상호작용적인 관계이기 때문에 멘제가 선호하는 멘토의 조건과 또한 멘토가 자신의 멘제를 선택하기 위해 고려하는 조건들은 멘토링을 형성하는 데 중요한 요인이 된다.

멘토가 멘제를 선정하는 요인으로서 겉으로 드러나는 사회적 배경, 직장 내 임원들과의 사회적 친분, 단정한 용도, 사회적 유사성, 자신의 우수함을 보일 수 있는 용기, 그리고 자신의 존재를 부각시키려는 노력 등을 열거하고 있다. 이것은 멘토가 자신의 기준에 맞는 멘제를 선정함으로써 멘제에 대한 멘토의 역할수행 정도가 높아진다는 것이며, 멘토와 멘제 사이의 사회적 유사성이나 사회적 배경 등에 따라 역할

수행의 양이나 질이 결정된다. 특히 첨단산업조직의 구성원들도 마찬가지로 멘토와 멘제 간에 업무수행 방식, 개성(성격), 사회적 배경, 학력수준, 취미생활 등이 비슷할수록 멘토링의 정도, 즉 멘제에 대한 멘토의 역할수행 정도와 멘토링에 대한 멘제의 적극성이 높아지며, 멘토와의 개인적 유사성은 멘제의 직무만족, 조직만족, 업무성과 등에 유의적이고 긍정적인 상관관계를 나타낸다. 한편 상사와 하위자 간에 개인적 유사성과 종업원의 직무태도와의 관계는 상사와 하위자 간의 심리적, 개념적, 인구통계학적 측면이 유사할수록 상호 간의 관계에 대한 몰입이 증가한다. 즉 상사와 하위자 간의 개인적 유사성이 높을수록 하위자에 대한 상사의 관심과 배려가 높아지며, 상대적으로 하위자 역시 상사를 따르려 한다. 이러한 것들은 앞서 살펴보았듯이 상호 간의 동질성(consubstantiality)이 서로 상대방에게 긍정적인 영향력을 행사하게 하며, 이는 멘토와 멘제의 개인적 특성이 유사할수록 멘제에 대한 멘토의 역할수행 정도가 높아지고 멘토링에 대한 멘제의 태도가 보다 적극적이라는 것을 나타낸다. 개인적 친분이 상호작용을 원활하게 하여 조직 성과를 향상시킨다는 연구는 리더십 이론에서도 부각되고 있다. 기존에 이루어진 대부분의 리더십이 리더의 관점(리더십 특성연구, 리더십 유형연구)이나 혹은 하위자와 상황의 관점(상황적 리더십이론, 상황적합이론, 경로-목표이론)을 강조하였으나, 리더-구성원 교환이론(Leader-Member Exchange: LMX Theory)이 또 하나의 접근법으로 등장하고 있다.

이러한 교환이론(L.M.X)은 리더와 하위자 간의 관계를 일방적 관계로 인식하지 않고 서로 간에 영향을 미치는 관계인 교환관계로 인식하여 리더십 과정을 이해하고 있다. 특히 양질의 리더-구성원 교환관계가 '낮은 이직률', 높은 정적인 업적평가, 보다 높은 빈도의 승진, 보다 높은 조직헌신성, 보다 더 바람직한 작업배정, 더 좋은 직무태도, 리더로부터의 보다 더 많은 관심과 지원, 더 많은 참가, 더 빠른 경력상의 진보 등을 초래하게 한다. 본질적으로 위와 같은 발견들은 조직이 하위자들과 작업상의 좋은 관계를 창출할 수 있는 리더를 보유함으로써 많은 유익을 얻게 된다. 그리고 리더와 하위자가 좋은 교환관계를 가질 때, 더 만족하고 더 많은 과업을 성취하게 되어 조직은 더욱 발전하게 되는 것이다. 이외에도 멘토와 멘제 간의 의사소통의 빈도, 유지기간, 거리적 근접 정도가 멘토링에 영향을 미친다.

즉 멘토와 멘제 간의 의사소통 빈도가 높을수록, 멘토관계를 유지하려고 노력할수록, 유지기간이 길수록, 또한 멘토와 멘제가 서로 자주 만날 수 있는 거리에 위치해 있을 경우가 그렇지 않을 경우보다 멘토와 멘제는 상대방에게 더욱 몰입하게 된다.

# Part 2

# 멘토 다이아몬드 리더개발법

멘토 인재개발법은 한 사람이 신입인재로 입사, 멘토와 연결되어 일반 인재로, 관리인재로, 리더인재로 진급하여 조직에서 성공적인 인재로 인정받는 프로그램이다. 다이아몬드 모형의 리더십개발 의미는 야구경기장에서 주자(Runner)가 1루에서~2루로~3루로, 최종적으로 홈베이스로 홈인하여 승리의 주자가 되는 것을 의미한다. 이러한 멘토링 프로그램은 멘토와 멘제가 둘이서 하나 되어 개인적으로 만족감과 조직적으로 리더십을 통한 인재경쟁력을 거두는 데 목적을 두고 있다.

# 제1장

# 멘토 인재개발 리더십

　　최초 멘토는 B.C 1250년 트로이 전쟁을 배경으로 한 호머의 그리스 신화에 등장하는 인물로 왕자 텔레마쿠스를 현명한 왕으로 성장시시킨 사람이다. 특히 그는 남다르게 전인적인 인격프로그램으로 삶의 현장에서 조언자로서 20년에 걸쳐 성공적으로 멘토 사명을 완수한자이다. 그의 리더십을 아래 내용으로 구체적으로 소개한다.

## 1. 멘토정신

### 1) 존경받는 멘토정신

　　멘토(Mentor)는 자신의 역량을 발휘하여 전인적인 삶의 조언으로 멘제를 자신과 같은 리더로 재생산하는 역할을 담당하는 사람이다. 그러므로 멘토는 먼저 자신이 인격적인 자질을 갖추는 것이 우선적이다.

　　한편으로 멘토는 인간을 기술자로 만드는 것이 아니고 기술자를 인간으로 만드는 멘토 프로그램 주관자다. 그러므로 코치라고 해서, 교수라고 해서, 상담자라고 해서, 전문가라고 해서 다 멘토가 될 수 있는 것은 아니다. 바로 멘토는 기술자나 전문가 등 어느 분야에 편중되어 있는 것보다는 포괄적인 역량을 소유한 자라고 말할 수 있다. 텔레마쿠스 왕자를 지혜롭고 현명한 왕으로 성장시킨 아래에 기술한 최초 멘토의 자질을 인격적인 차원에서 살펴보고 벤치마킹 자료로 활용해 보도록 하자.

| 인격 | | 자질(당시 멘토/테레마쿠스 관계에서) |
|---|---|---|
| 知 | 스승 | 가르치기를 좋아하는 스승 |
| | 전문 | 수학, 철학, 논리학(知情意, 인격상징)의 전공자 |
| 情 | 관계 | 왕 등 타인과 관계가 원활한 사람 |
| | 정서 | 타인과 상담이 잘 이루어지는 사람 |
| 意 | 존경 | 당대 온 국민의 존경대상인 사람 |
| | 리더 | 당대 최고 지도자로 인정받은 사람 |

## 2) 자율학습 멘토정신

멘토링은 전인교육 방법이다. 아니 교육이라기보다는 둘이서 삶을 나누는 것이 정답이다. 멘토링에서는 교육자나 경영자나 목회자이기 이전에 먼저 인격자로서 성숙을 원하는 것이다.

참고로 멘토(Mentor)가 텔레마쿠스 왕자를 위해 만든 특이한 1:1 Tutorial System 상담 학습 방법을 아래와 같이 열거한다.

| NO | 방식 | 내용 |
|---|---|---|
| 1 | 대화식 | 멘토는 왕자와 대화식으로 교육을 하였다. |
| 2 | 토론식 | 멘토는 왕자와 열렬한 토론을 벌였다. |
| 3 | 문답식 | 멘토는 질문하였고 왕자는 대답하였다. |
| 4 | 동료식 | 멘토는 왕자와 동료처럼 거리를 좁혔다. |
| 5 | 예화식 | 멘토는 왕자에게 사물을 예로 들어 설명했다. |
| 6 | 정서식 | 멘토는 왕자와 아버지처럼 정답게 지냈다. |

멘토는 왕자가 완전한 인간, 즉 인격자, 용사, 지혜자, 왕으로서 성장하도록 그에게 맡겨진 임무를 완수하기 위해 온몸을 던져 완벽하게 수행했으며, 자신의 임무가 완료되었을 때에 미련없이 떠나가는 아름다운 이야기에서 멘토링을 발견하게 되고 1:1 Tutorial System에 대한 상담학습 유래와 인재개발 방법론은 한 사람을 고품격 인재로 성장시키는 최적의 시스템임을 알 수 있다.

Mentoring Tutorial System은 오늘날 1:1 상담 학습이 가능한 교육부분에 아름다운 사례를 갖고 있다. 교수와 학생과 관계에서 초중고교 선생님과 학생과 관계에서 감동적인 사례가 매스컴이나 잡지에 실리기도 하여 많은 사람에 감동을 주기도 한다.

왜냐하면 학교의 평준화 교육이나 기업의 집단 교육에서는 이러한 사례가 제도적으로 발생할 확률이 거의 불가능 하기 때문이다.

## 3) 전인생활 멘토정신

멘토링 선진국에서는 이미 멘제로서 그전에 멘토링 활동을 경험한 사람이 대부분이기에 멘토 선발에 큰 어려움 없이 진행된다. 그러나 한국은 멘토 자체가 생소하고 초창기이기 때문에 멘토 선발에 많은 어려움이 뒤따르게 된다. 그러므로 멘토가 되어야 할 당위성을 설득력 있게 설명해주어야 한다. 특히 오늘날 현재 자신의 가치를 누리고 있다는 것이 나 이외 많은 사람으로부터 빚진 사람 입장에서 누구나 선배는 후배의 멘토가 되어주어야 하고 어른은 청소년의 멘토가 되어주어야 하는 것을 타당하게 받아드릴 수 있도록 해야 한다.

멘토의 인격정신은 먼저 타인을 배려하는 차원에서 인간가치관을 올바로 정립된 상태에서 멘토로서 역할을 수행해야 한다.

[멘토링의 인간 가치관]

1. 인간은 최고의 가치를 가지고 있다 – 이세상 만물의 영장이다.

2. 인간은 보석이다 – 탄생할 때 부, 모, 하나님의 3위일체 보석과 같은 작품이다.

3. 인간은 승리할 수 있다 – 보통사람은 자기 잠재능력개발이 5%이지만 더 개발할 수 있다.

[오늘날 멘토의 정신]

전인적인 삶의 조언자로서 먼저 인격적인 역량, 전반적인 삶의 활동 그리고 조언자의 역할을 해주는 사람이다.

1. 전인(인격)적인 기능

1) 경력개발을 통한 – – –전문적인 역량을 전수해 주는 사람이다.

2) 심리적인 면을 통한 – – –정서적인 역량을 전수해 주는 사람이다.

3) 리더 모델로서 – – – –윤리적이며 의지적인 역량을 전수해 주는 사람이다.

2. 삶의 전반적인 면에서 동행해 주는 사람이다.

1) 가정에서 삶의 내용을 나눈다.

2) 직장에서 삶의 내용을 나눈다.

3) 사회 생활에서 삶의 내용을 나눈다.

3. 멘제를 위하여 조언자의 역할을 한다.

1) 멘토는 조언자이고 멘제는 결정자이다.

2) 멘제가 먼저 질문하고 멘토는 답변자가 된다.

3) 멘토가 멘제를 자기보다 더 훌륭한 사람으로 키운다.


# 2. 멘토 리더십

## 1) 멘토 인재개발 원리(Principal)

멘토링 프로그램은 왕자 교육이라는 고품질의 인재개발에서부터 출발한다. 한 왕자를 위하여 멘토는 20여 년간 인격을 상징한 수학, 철학, 논리학을 교재로 사용하여 전인적인 삶이라는 주제로 지혜롭고 현명한 왕으로 성장시켰다. 그러한 멘토링의 원리를 알기 쉽게 5가지로 요약한다면

원리 1. 한 사람의 멘토(Mentor)와 한 사람의 멘제(Menger)를 선정한다.
멘토/멘제를 선정하는 것은 특별한 기준이 있어야 한다. 일반적으로 아무나 선정하는 것이 아니라 각 조직마다 멘토링 목표에 맞게 특정한 사람을 멘토와 멘제로 선정한다는 의미가 내포되어있다.

원리 2. 일정기간 멘제 중심의 1:1관계를 맺는다.

멘토링 활동에는 조직마다 멘토와 멘제에게 약정한 기간을 설정해 주어야 한다. 특히 1:1로 연결하고 활동을 하되 멘제 중심의 활동이 이뤄져야 만이 올바른 멘토링이라고 볼수 있다. 당초 왕자 텔레마쿠스에 초점을 맞추고 멘토 선생이 20년간 집중적으로 열정을 다하여 현명한 지도자로 성장시켰다는 것에 유의해야 한다. 멘토나 리더가 중심이 된다는 것은 멘토링의 활동에서 본질에 크게 벗어나고 있다는 것을 알아야 한다.

원리 3. 멘토의 역량(Competency)을 최대한 발휘한다.

멘토가 멘제를 위하여 자신의 가장 노하우격인 역량(남이 따를수 없는 경쟁력있는 능력)을 발휘하여 멘제를 업그레이드하는 데 전심전력을 다하여야 한다. 멘토와 멘제가 미팅(Meeting) 시 신변잡기 차원에 모임이라면 효과를 거두기에는 어렵다고 본다. 특히 메토가 제대로 역량을 갖추고 멘제에게 전이(轉移)가 이뤄진다면 자동적으로 지식경영과 학습조직이 이뤄진다고 볼 수 있다.

원리 4. 멘제의 특성과 잠재력을 개발한다.

멘토링 활동이 성공하려면 가장 중요한 포인트가 멘제의 데이터베이스(Data Base)를 구축하는 것이다. 개인의 인적사항은 물론이고 상호 간 관계를 더욱 돈독히 하기 위하여 예를 들면 성격분석을 통하여 멘토/멘제 상호 성격의 차이를 극복하는 데 노력하여야 한다. 잠재력이라는 것은 멘토/멘제의 가치개발에 초점을 두되 당초 멘토가 텔레마쿠스에게 20년 동안 교재로 수학, 철학, 논리학을 가르쳤듯이 오늘날 멘토링의 교육훈련의 컨텐츠(Contents)는 인격의 가치를 개발하여 업그레이드 하는 데 중점을 두고 있다.

원리 5. 인격을 갖춘 차세대 리더로 세우는 원투원 멘토십이다.

멘토가 멘제를 일정기간 멘토링함에 있어 먼저 자신의 인격, 즉 지, 정, 의에 대한 역량을 서비스하는 것이다. 멘제가 인격적으로 업그레이드한다는 뜻은 지적 분야만 힘쓸 것이 아니라 정적 분야, 절제력이나 판단력 분야 등 균형을 맞춰 개발한다는 것이다. 여기서 리더라는 뜻은 두 가지면으로 생각할 수 있다. 첫째는 위대한 지도자로 사회적으로 큰 영향력을 발휘한다는 것이고 둘째는 조직 적용 멘토링에서 리더라는 개념은 멘토의 도움을 받은 멘제가 일정기간이 지나서 멘제 자신도 도움주는 멘토로 생활 태도가 바뀌는 것을 의미한다.

## 2) 멘토 인재개발 특성(Feature)

멘토링의 특성은 일반 리더십과 멘토링의 차별성과 시너지를 다룬 내용이다. 일반 리더는 양(量-Mass)관리와 멘토는 질(質-Quality)관리로 구분할 수 있으나 상호 시너지(Synergy)로 인재경쟁력을 확보하여 이상적인 유기체 조직을 구축할 수 있다. 멘토링은 멘토가 인간성 (Humanity)을, 일반 리더가 생산성 (Productivity)을 담당하여 효과적인 성과를 도출하는 프로그램이다.

### (1) 멘토링의 이념(Idealogy)
멘토링의 이념은 인간존중에서부터 출발한다. 여기서 인간존중이라는 의미는 멘제의 무한대한 잠재력을 개발해 준다는 것이다. 바로 그냥 놔두면 5% 정도 개발될 것이 멘토가 관여함으로써 더욱 %를 업그레이드시켜 준다는 것이다(보통사람 5% 개발, 노벨상 수상자 10% 개발, 에디슨 15% 개발).

### (2) 멘토링의 정의(Definition)

멘토링의 정의는 멘토와 멘제의 인간관계를 촉진하는 데 있다. 카네기재단의 발표 자료에 의하면 성공한 사람 10,000명을 상대로 성공요인 설문조사의 결과 8,500명(85%)이 인간관계에 있다고 대답하고 있다. 국내 직장생활에서 가장 중요하다고 대답한 것은 인간관계 45%로 제일 높게 나타나고 있다. 그렇다면 멘토와 멘제 간에 어떠한 기준으로 관계가 설정되어야 하는가? 바로 존경과 신뢰관계를 들 수 있다.

### (3) 멘토링의 목적(Purpose)과 목표(Target)(개인, 조직)

멘토링의 목적은 멘제를 차세대 리더로 세우 것(Standing Together)이다. 리더라는 개념은 사회적으로 위대한 지도자라는 뜻도 있지만 조직 적용 멘토링에서는 도움받는 멘제가 훗날 도움을 주는 멘토로 삶의 태도가 바뀌는 것을 말한다. 조직에서의 목표는 바로 멘제가 멘토로 변하면서 중간지도자를 개발하게 되는데 결국 인재경쟁력을 확보하게 되는 것을 의미하고 개인에서의 목표는 인격, 즉 인격가치를 업그레이드하는 것이 목표다.

*목적: 인격적인 차세대 리더개발

*목표

－개인목표－인격가치 개발(Humanity)

- 조직목표 - 생산성과 개발(Productivity)

## (4) 멘토십의 내용(Contents)

멘토링 핵심 내용(Contents)은 인격(知, 情, 意) 자체다. 그러므로 멘토링 활동은 바로 知的에 치우친 교육이 아니라 전인적인 삶으로 조언해 주는 인재개발이 되어야 한다. 그 기원은 그리스신화에서 멘토(Mentor) 스승이 텔레마쿠스 왕자를 20년간 멘토링할 때 교재로 수학(知를 상징), 철학(情을 상징), 논리학(意를 상징)을 사용했다는 데서 기인한다.

■ 인격내용 적용 도표 ■

| 인격 서비스 | 세부분류 | Star Game 적용 부문 |
|---|---|---|
| 지적(知的) 서비스 | 지식, 기술, 정보 | High Tech - 지식지수 |
| 정적(情的) 서비스 | 포용력, 기대와 칭찬, 헌신봉사 | High Touch - 마음지수<br>High Health - 건강지수<br>High Relation - 관계지수 |
| 의적(意的) 서비스 | 의지력, 절제력, 판단력(선과 악) | High Control - 관리지수 |

## (5) 멘토링의 전략(Strategy)

멘토링의 전략은 멘제 중심의 1:1(One to One) 서비스를 말한다. 멘제 중심의 서비스란 일반 리더십이나 유사 멘토링에서 리더 중심으로 활동이 이뤄지는 것과 큰 차이가 있는 것이다. 그러므로 멘제 중심 1:1의 의미는 멘제 1:멘토 1, 멘제 1:멘토 다수 등식을 말한다.

## 3) 멘토 인재개발 섬김(Servant)

### (1) 관계론적(Being~Othering) 섬김 멘토링

자신의 가치를 업그레이드하는 존재론적(Being) 리더십을 보완해서 현장에서 타인을 1:1로 배려하는 관계론적(Othering) 멘토링으로 상호간 신뢰와 존경하는 마음으로 만족경영을 이룬다.

존재론적 리더십은 리더 개인에게 역점을 두고 개인으로서의 리더가 갖추어야 될 다양한 자질과 역량을 육성하는 데 관심이 있는 반면 관계론적 멘토링은 멘토에게 영향을 미치는 제도적 여건 조성과 인간적인 경영환경을 조성하는 데 보다 많은 관심이 있다.

이러한 역량은 멘토 혼자서 발휘할 수 있는 역량이 아니라 멘토가 멘제와 구성원과 함께 힘을 모아 노력할 때 발현할 수 있는 능력이라는 점에서 기존의 리더십을 개인 존재론적 리더십이라고 칭할 수 있는 데 반해 멘제와 함께 팀을 이루어 발현될 수 있는 능력을 특별히 1:1 팀 관계론적 멘토링이라 부를 수 있다.

### (2) 전인적인(Simple~Complex Character) 섬김 멘토링

멘제들에게 업무나 지식으로 접근하는 단편적인(Simple Character) 리더십을 보완해서 멘토가 멘제를 종합적인(Complex Character) 전인적 서비스, 즉 전문적 서비스, 정서적 서비스, 윤리적 서비스를 제공함으로써 만족경영을 이룬다.

전통적인 업무교육이 실천 현장에서 대부분 상급자의 업무지시나 지식을 전수하는 단편적인 교육방법으로 이루어짐으로써 구성원들의 다양한 잠재 역량을 개발하고 업무의 다양성 차원에서 한계와 문제점이 발생하기 마련이다.

그렇다면 구성원들의 인재개발이 현장에서 구체적으로 다양하게 일어나기 위해서는 어떠한 조치가 필요한가? 이 문제는 인재개발에서 전인적 서비스를 주제로 하는 멘토링 제도(Mentoring System)를 활용한다면 단편적인 리더십 교육에서 전인적인 삶이 소재가 되는 복합적인 멘토링으로 전환을 시도하여 현장에서 인재개발 기법으로 활용해 볼 필요가 있다.

### (3) 장기적인(Short~Long Term) 섬김 멘토링

1회성 이벤트식인 단기적(Short Term) 교육방법을 보완해서 장기적인(Long Term) 멘토링 관계를 맺어 보통사람(a Person)을 지도자(a Leader)로 개발함으로써 만족경영을 이룬다.

일반적으로 교육하면 단기 집중적인 교육이 일회성으로 끝나는 경우가 많다. 이러한 생각의 저변에는 교육은 중간에 간극이 없이 며칠 또는 몇 달 동안 연속적으로 전개되는 일회성의 의미가 내포되어 있다. 이런 패턴으로 교육이 전개되면 교육 전, 교육 중, 그리고 교육 종료 후 실천 현장과의 유기적 연계성이 부족하게 되고 결국은 교육의 결과가 실제 현장에서 발현되지 못하고 교육은 교육대로 이루어지고 현장은 여전히 리더십 부재 현상이 발생하게 된다.

### (4) 수준별(Equal~Fair Class) 섬김 멘토링

물리적 변화 정도인 평준화(Equal Class)리더십을 보완해서 1:1로 눈높이에 맞춘 수준별(Fair Class) 멘토링으로 진정한 변화인 화학적 변화를 일으키게 됨으로써 만족경영을 이룬다.

그동안 한국 기업의 인재개발 정책은 모든 영역을 골고루 잘하는 범재(凡材)를 채용하여 필요한 인재(人才)로 탈바꿈시키기 위해 많은 기업 교육, 특히 집합, 합숙 교육에 많은 노력과 관심을 보여 왔다.

앞으로는 더욱더 신입사원과 경력사원은 물론 중견간부와 임원, 그리고 경영자까지 해당 부문별로 필요한 자격요건과 역량에 적합한 인재를 수시로 선발하고 채용하는 전략이 보다 보편화, 활성화될 것이다.

### (5) 타인배려(Charisma~Servant Leadership) 섬김 멘토링

구성원들에게 관리나 통제 위주의 상의 하달식 권위적인(Charisma) 리더십을 보완하여 멘토가 인격적인 수평관계를 이루면서 섬기는 (Servant) 멘토링으로 멘제의 잠재역량을 개발해 줌으로써 만족경영을 이룬다.

멘토링은 한마디로 상대인 멘제를 자기보다 더 훌륭하게 키우는 일이다. 특히 일반 리더십과 구별되는 점은 일대일로 특정하게 연결된 상태에서 한 사람에게 집중력을 발휘하기 때문에 어떤 리더십보다 강렬하고 단시간에 효과가 나타난다는 것이다.

이러한 멘토링에서 중요한 핵심은 멘제가 중심이고 멘토는 언제나 조언자라는 것이며, 결정권자는 멘제이며, 멘토는 언제나 2등이고 1등은 멘제가 되는 것으로, 이것이 오늘날 섬기는 리더십이다.

## 3. 멘토 현장활동 소재

| NO | Theme | Contents | Case Test |
|---|---|---|---|
| 1 | 재능 | 지혜, 지식, 기술, 특허, 자격, 지적재산권, 정보 등 나눔 | 1. 나눔 분야는?<br>2. 나눔의 효과는? |
| 2 | 시간 | 상담과 경청과 소통을 위해 마음열고 귀를 열고 시간나눔 | 1. 나눔 분야는?<br>2. 나눔의 효과는? |
| 3 | 물질 | 식사, 입장료, 선물, 경조비, 등 친목 비용 지불 | 1. 나눔 분야는?<br>2. 나눔의 효과는? |
| 4 | 업무 | 인사, 조직, 재무, 회계, 영업, 생산, 전산 등 업무 나눔 | 1. 나눔 분야는?<br>2. 나눔의 효과는? |
| 5 | 친목 | 식사, 감상, 운동, 예체능, 탐사 등 친목 동행 | 1. 나눔 분야는?<br>2. 나눔의 효과는? |

## 4. 멘토 섬김 리더십 예비진단(Test)

정신분석학자 프로이트가 우리에게 주는 또 하나의 다른 교훈은 남의 말을 들을 줄 알아야 한다는 것이다. 여기에서 '남'이란 진정한 타자(他者)다. 즉 애초에 말이 되지 않는 말, 혹은 들리지 않는 말을 하는 사람이다. 이런 사람들이 미친 사람으로 분류되어 사회에서 격리되거나 추방되는 역사적 시점에서 프로이트는 이들의 말 아닌 말을 들으려 애썼고 이들의 들리지 않는 말을 듣는 법을 찾아내려 노력했다. 어느 사회에서든 이런 노력이 절실히 필요하기 때문에 프로이트의 정신분석은 단순히 자기를 향한 실천만이 아니라 사회적 실천으로써 중요하다. 멘토링에서 타자의 진정한 이해는 예컨대 효율성이나 생산성의 원칙에서 본의아니게 밀쳐내고 덮어버린 사람들까지 되살리려는 인간존중의 노력이다. 멘토의 정신은 이를 위한 끊임없는 대화다. 어떤 위계나 편견에도 귀속되지 않은 채 상호 간 한마음으로 서로의 마음이 고개를 끄덕이며 온갖 억압에서 놓여날 때까지 계속 이어나가기 위해서 대화하고 소통하는 것이다.

[예비진단 Sheet]

| 구분 | 번호 | 3. 멘토 자생력(Selfscored) 진단도구 | 점수 |
|------|------|------------------------------------|------|
| 소명<br>의식 | 1 | 멘제와 직장체험을 나누고 궁금해하는 점을 설명해 준 적이 있다. | |
| | 2 | 멘제에게 직접 나서서 직장소개와 경영에 비전을 전한적이 있다. | |
| | 3 | 멘제와 함께 한마음조직 공동체 구축을 사명이라고 생각한다. | |
| 사명<br>의식 | 4 | 자신의 가족을 멘제에게 소개하고 식사를 함께한 적이 있다. | |
| | 5 | 멘제의 애·경사에 관심을 갖고 참석한다. | |
| | 6 | 멘제가 힘겨운 일이 생겼을 때, 나는 그가 찾아올 수 있는 평안한 사람이라고 생각한다. | |
| | 7 | 멘제가 관심을 보이는 자선단체나 봉사활동에 대해 조언을 해줄 수 있을 정도의 지식을 갖고 있다. | |
| 창의<br>의식 | 8 | 멘제가 최근에 했던 고민을 알고 해결을 위해 노력하고 있다. | |
| | 9 | 멘제에게 교양서적 기증이나 문화행사에 초청한 적이 있다. | |
| | 10 | 멘제와 가끔 직장 밖으로 나가서 함께 유익한 문화생활을 한다. | |
| 소 계 | | | |

# 5. 멘토 인재개발 차별화(Differential)

요즈음 멘토링 프로그램에 관한 관심이 증폭되면서 현장 관리자들로부터 계속되는 질문은 멘토(Mentor), 코치(Coach), 관리자(Manager)에 관한 정확한 설명과 업무상 차별화에 대한 것이다.

멘토와 코치와 관리자인 상사는 강조하는 바가 다르다. 멘토는 주로 '사람'과 관련이 있는 인간성(Humanity)에 집중하고 코치와 상사는 업무와 연관된 생산성(Productivity)에 집중한다. 이런 식으로 계속

대조하면, 멘토는 구성원 개인의 만족감과 상사와 코치는 조직의 효율성 차원에서 '성과'를 더욱 강조한다고 볼 수 있다.

1) 멘토는 '더욱 지도력(Leadering) 있는' 차세대 리더로 개발하는 데 도와준다.

2) 코치는 '더욱 업무적으로 다양하고 유능한(Skill)' 사람이 되는 것을 도와준다.

3) 상사는 부하가 회사에 더 '성과(Performance)를 내는' 사람이 되는 것을 도와준다.

[멘토제도 3가지 차별화에 대한 요약정리]

| 구 분 | Mentor(멘토) | Coach(코치) | Manager(상사) |
|---|---|---|---|
| 업무목표 | 사람을 리더로 성장<br>－Leadering | 부하(선수)의 업무능력 향상<br>－Skillup | 부하의 업무성과 도출<br>－Performance |
| 연결형태 | 멘제 중심 연결형태유지<br>멘제 1:멘토 1이나 소그룹 | 코치 중심 연결형태유지<br>코치 1:부하(선수)소그룹 | 상사중심 연결형태유지<br>상사 1:부하 다수 |
| 업무성격 | 인관관계라는 특수업무<br>TFTeam형식으로 추진 | 회사 정규업무와 정규조직＋<br>인간적인 면 배려추진 | 회사 정규업무추진<br>Line 및 Staff 조직추진 |
| 업무특성 | 사람 자체(인격개발)가 중심 | 직원의 업무능력이 중심 | 직원의 업무성과가 중심 |

# 제2장

# 멘토 다이아몬드
# 리더개발 방식

## 1. 조직에서 4단계 리더개발 방식

멘토링을 진행시킬 경우 신입직원, 일반직원, 관리직원, 리더직원은 전혀 다른 지도법과 지원법이 필요하게 된다. 그렇기 때문에 상대방의 능력과 의욕에 맞춘 적절한 리더십 이론으로 확립된 DLD-4S를 이용하면 능력과 의욕에 맞는 보다 적절한 지도와 지원을 어떻게 진행시켜야 하는지 명확해진다.

여기서 북미에서 보급되고 있는 윌리엄 그레이 교수(William Gray=가 브리티시 대학)의 New Mentoring(1978~1981) 6단계 기법을 국내 멘토링에 활용하는 기법으로 소개한다. DLD-4S를 활용하면 자립과 자율에 대한 과정을 명확히 파악하면서 적절한 지도와 지원이 가능하게 된다.

인성개발 DLD 리더십 모델에는 4가지 타입(4step)의 리더 스타일이 있다. 이 모델에서는 멘제에 대한 상상의 업무지시적 활동과 멘토의 인성 지원적 활동의 두 가지로 나누어, 이들을 적당히 혼합하면서 진행시킨다.

| 인재등급<br>개발수준 | D4<br>리더인재<br>자립해서 성과를<br>올리는 사람 | D3<br>관리인재 유능하나<br>조심스럽게 성과를<br>올리는 사람 | D2<br>일반인재<br>분위기 의식<br>사려 깊은자 | D1<br>신입인재<br>열심히 하는<br>초심자 |
|---|---|---|---|---|
| 능력·만족<br>곡선 | | | | 능력곡선<br><br>만족곡선 |
| 권한의 정의<br>최적의<br>지도법 | S4<br>자율형<br>(권한 부여형)<br>모든 것은<br>멘제 스스로 결정 | S3<br>위임형<br>(협동형)<br>서로 상의하여<br>협동하여 결정 | S2<br>협력형<br>(끌어들이기형)<br>서로 상의하여<br>멘토리더가 결정 | S1<br>지시형<br>(의지형)<br>모든 것을<br>멘토리더가 결정 |

〈D−Diamond S−Mentor Leader Style〉

# 2. 멘토 리더개발 4단계(4-Step)

| Step | Target | Mentoring Acting |
|---|---|---|
| 1단계<br>Getting<br>신입인재개발 | 신입<br>직원<br>*<br>수습 | 신입직원이 멘토와 연결하여 12개월 멘토링 활동으로 관계개선, 조기 정착<br>/업무숙달에 참여한다.<br>목적1 신입직원 조기 정착 멘토링<br>멘토:<br>13~5년차 선배직원 |
| 2단계<br>Growing<br>일반인재개발 | 일반<br>직원<br>*<br>정규 | 정규직원으로 관계촉진, 업무능력향상 멘토링 활동으로 자신을 성장기회<br>로 삼는다.<br>목적1 일반직원 업무능력향상 멘토링<br>멘토:<br>1 동급선배중 전문지식을 갖춘자.<br>2 상위급 선배중 경력 및 자격등 전문지식을 갖춘자. |
| 3단계<br>Managing<br>관리인재개발 | 과장<br>부장<br>직원<br>*<br>팀장 | 팀장으로 관리역량강화 멘토링 활동에 참여하여 중간지도자로써 관계촉<br>진, 관리역량을 쌓는다.<br>목적1 팀장 관리역량개발 멘토링<br>멘토:<br>1 팀장 동급으로 리더십 및 전문지식을 갖춘자<br>2 상위급 선배로 리더십 및 전문 지식을 갖춘자<br>3 사회공인자로서 컨설턴트, 변호사, 회계사, 세무사, 자격자, 특허자, 박사<br>급 등과 동등의 인재<br>4 대학교수로서 전공에 맞는자 |
| 4단계<br>Leadering<br>리더인재개발<br>성공 | CEO<br>임원<br>*<br>최고<br>경영자 | 임원으로 핵심역량강화 멘토링 활동에 참여하여 인재경쟁력강화로 조직개<br>발에 기여한다.<br>목적1 임원핵심역량개발 멘토링<br>멘토:<br>1 임원CEO등급으로 리더십 및 전문지식을 갖춘자<br>2 상위급 선배로 리더십 및 전문 지식을 갖춘자<br>3 사회공인자로서 컨설턴트, 변호사, 회계사, 세무사, 자격자, 특허자, 박사<br>급 등과 동등의 인재<br>4 대학교수로서 전공에 맞는자 |

# 3. 멘토링 리더개발 사이클

| | | | |
|---|---|---|---|
| 1. 지시적 측면(횡축) | 상사 | 생산성 효과 - 조직의 효율성 - 량적 인재관리 | 유기적 조직 |
| 2. 지원적 측면(종축) | 멘토 | 인간성 효과 - 개인의 만족감 - 질적 인재관리 | Organic org |

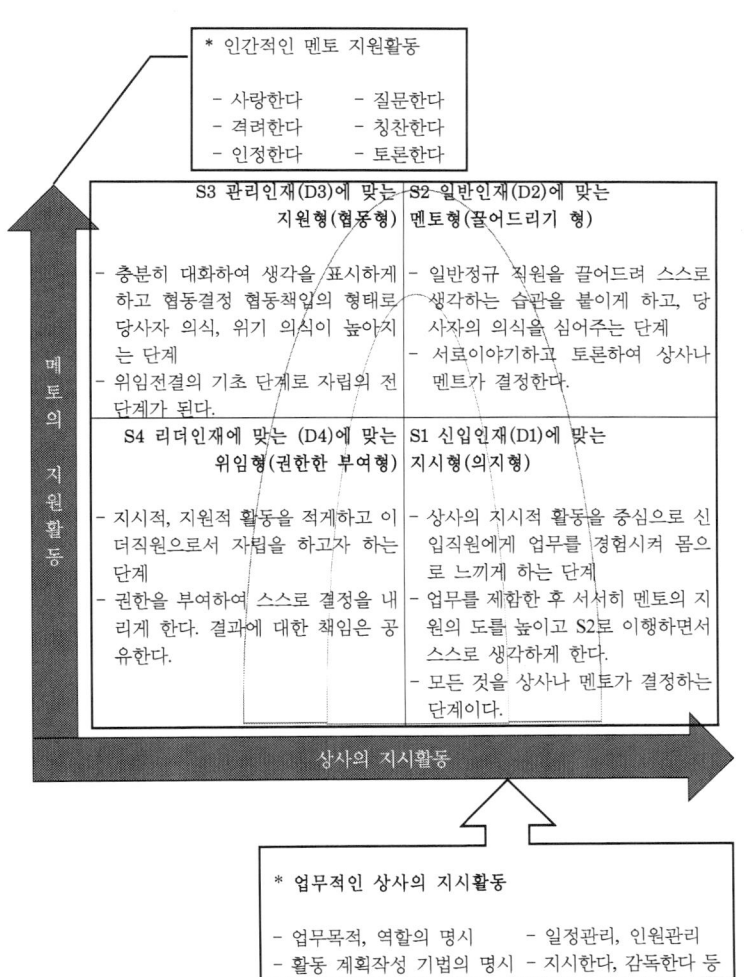

* 인간적인 멘토 지원활동

- 사랑한다     - 질문한다
- 격려한다     - 칭찬한다
- 인정한다     - 토론한다

멘토의 지원활동

**S3 관리인재(D3)에 맞는 지원형(협동형)**

- 충분히 대화하여 생각을 표시하게 하고 협동결정 협동책임의 형태로 당사자 의식, 위기 의식이 높아지는 단계
- 위임전결의 기초 단계로 자립의 전 단계가 된다.

**S2 일반인재(D2)에 맞는 멘토형(끌어드리기 형)**

- 일반정규 직원을 끌어드려 스스로 생각하는 습관을 붙이게 하고, 당사자의 의식을 심어주는 단계
- 서로이야기하고 토론하여 상사나 멘트가 결정한다.

**S4 리더인재에 맞는 (D4)에 맞는 위임형(권한한 부여형)**

- 지시적, 지원적 활동을 적게하고 이더직원으로서 자립을 하고자 하는 단계
- 권한을 부여하여 스스로 결정을 내리게 한다. 결과에 대한 책임은 공유한다.

**S1 신입인재(D1)에 맞는 지시형(의지형)**

- 상사의 지시적 활동을 중심으로 신입직원에게 업무를 경험시켜 몸으로 느끼게 하는 단계
- 업무를 제한한 후 서서히 멘토의 지원의 도를 높이고 S2로 이행하면서 스스로 생각하게 한다.
- 모든 것을 상사나 멘토가 결정하는 단계이다.

상사의 지시활동

* 업무적인 상사의 지시활동

- 업무목적, 역할의 명시        - 일정관리, 인원관리
- 활동 계획작성 기법의 명시 - 지시한다, 감독한다 등

# 4. 신입인재/일반인재 개발방식

### MLD-1 Step

신입직원에게는 S1에 의하여 최초에는 지시 중심의 지도로 업무 체험을 쌓게 한다. 그 지도의 주 포인트는 목표(goal)의 명확화이며, 무엇을 하고 있는지 의식시켜 앞으로의 학습의 방향성을 계획으로 수립시키는 것이다. 여기서는 익숙해진 단계에서 빨리 S2로 진행시키는 것이 중요하다.

### MLD-2 Step

S2의 단계에서 특히 유의할 점은 자신이 담당자라는 사실을 인식시켜 당사자 의식을 높이는 일이다. 기회가 있을 때마다 그 배경과 상황을 설명하면서 문제점을 스스로 해결하는 습관을 붙인다. 당사자 의식을 강화함으로써 종래의 지시를 기다리던 종속으로부터 스스로 생각하는 인재로 전환시킨다. 이것이 순조롭게 진행되면 자기 나름대로 생각하고 활동하려고 한다. 그러나 처음에는 장애나 실패로 자신을 상실하는 일도 있다. 이 과정에서는 실패했을 때의 지원 멘토 활동이 중요하기 때문에 피드백에 중점을 두도록 한다.

### MLD-3 Step

다음 단계는 스스로 제안이 가능한 인재인 D3의 육성이다. D2 수준에서 D3 수준으로 전환을 진행시키기 위해서는 빨리 S3의 지도법을 도입하는 일이 중요하다. 여기서는 멘제가 중심이 되어 기본 제안을 정리하고 그것을 협동해서 결정한다.

MLD-4 Step

실행자는 어디까지나 멘제이다. 실패와 성공을 경험함으로써 실적을 쌓고 멘제 자신을 붙여 본격적인 자립이 가능해진다. 이 기간의 지원 활동으로 자립할 수 있을 것인지, 아니면 자신을 상실하여 다른 길로 갈 것인지가 결정된다.

단지 신입직원 개발용으로 멘토링 프로그램을 도입한다면 우선 멘토와 신입직원의 나이 차이가 5년을 넘지 않는 것이 이상적이다. 왜냐하면 너무 나이 차가 많으면 상담할 수 있는 내용이 제한되고 세대 차이가 나기 때문이다. 이 경우 멘토 자신의 이상형과 거리가 있기 때문에 함께 배우면서 진행해 나갈 경우가 많아진다. 처음에는 지도원이나 멘토에 대한 의식이 별로 높지 않기 때문에 시행 착오가 많이 발생한다.

프로그램의 효과는 커뮤니케이션이 눈에 띄게 좋아지는 것이다. 또한 멘토는 본격적으로 자립, 자율에 대한 중요성을 절실히 느끼게 된다. 멘제 측에서는 부담없는 상담 상대가 생겨 예전보다 효과적으로 과정을 진행시킬 수 있다. 다만 멘토와 멘제가 친숙해질 때까지의 시간이 필요하겠지만 시간의 흐름과 함께 해소된다.

문제는 서로 간의 성격과 조화이다. 사고방식과 생활방식이 너무 다르면 사이가 어색해져서 서로 신뢰감을 가질 수 없는 상태가 될 수 있으므로 모니터 역은 빠른 시간 내에 두 사람 사이를 조정할 필요가 있다. 약 반년 동안의 결과를 지켜보면서 계속할지를 결정하지만 한 사람에게만 고정시키지 말고 여러 가지 가능성을 시험해 보는 것이 인맥이나 식견을 넓힐 수 있게 해준다.

# 5. 관리인재/리더인재 개발방식

## 1) 관리 인재(D3)에서 리더 인재(D4)로

S3의 지도법을 시작한지 어느 정도 지난 단계에서 그 진행상황을 확인한다.

자기 자신 나름대로 업무를 추진할 수 있고 진보가 보이면 최후의 D4의 리더인재를 목표로 하여 S4의 지도법을 시작한다. 과거의 실적으로부터 자신 있는 분야를 중심으로 하여 S4의 지도법을 시작하고 권한의 부여를 진행하여 스스로 처리할 수 있는지를 시험해 보는 것이다.

이 단계에서 유의해야 할 것은 주위로부터의 인지를 어떻게 높이고 그 성과에 대해 공정하게 평가를 하는 것이다. 적절한 동기가 없으면 애써서 육성한 인재도 전진하는 것을 신중하게 생각하게 된다. 또한 끊임없는 도전이 가능한 지위도 생각할 필요가 있다.

## 2) 인재개발에서 성과 위주의 현실적 대안

기존의 연공서열의 기업풍토에서는 D3에서 D4로 끌어올리면 상사 자신의 갈곳이 없어지는 것을 우려하여 의식적으로 육성시키지 않는 경우가 종종 있었다.

그러나 성과주의로 전환될 앞으로는 우수한 인재를 육성할 수 있느냐의 여부가 경영자나 리더로서의 중요한 평가포인트가 될 것이다. 또한 앞으로는 상사에 의한 단면 평가로부터 동료·멘제까지 포함한다면평가의 시대가 될 것이므로 동료나 멘제로부터의 평가가 앞으로의 중요한 체크 포인트가 된다.

능력은 업무 내용, 직종, 업종에 따라 달라지므로 모든 것에 있어서 D4(리더인재)인 경우는 드물다. 단 한 가지 분야에서 D1(신입인재)으로부터 D4(리더인재)에 도달한 사람은 다른 분야에서도 D4에의 도달이 비교적 쉽다. 따라서 멘제의 능력 진단도 업무 내용별로 실시하는 것이 중요하다.

## 3) 멘토링 리더개발 사이클

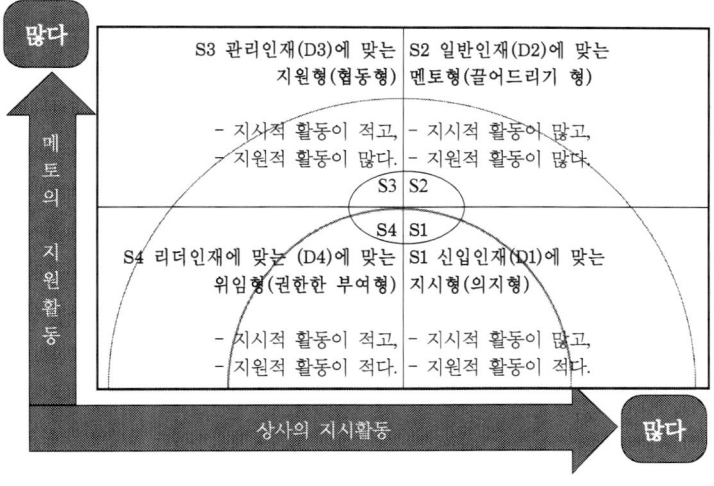

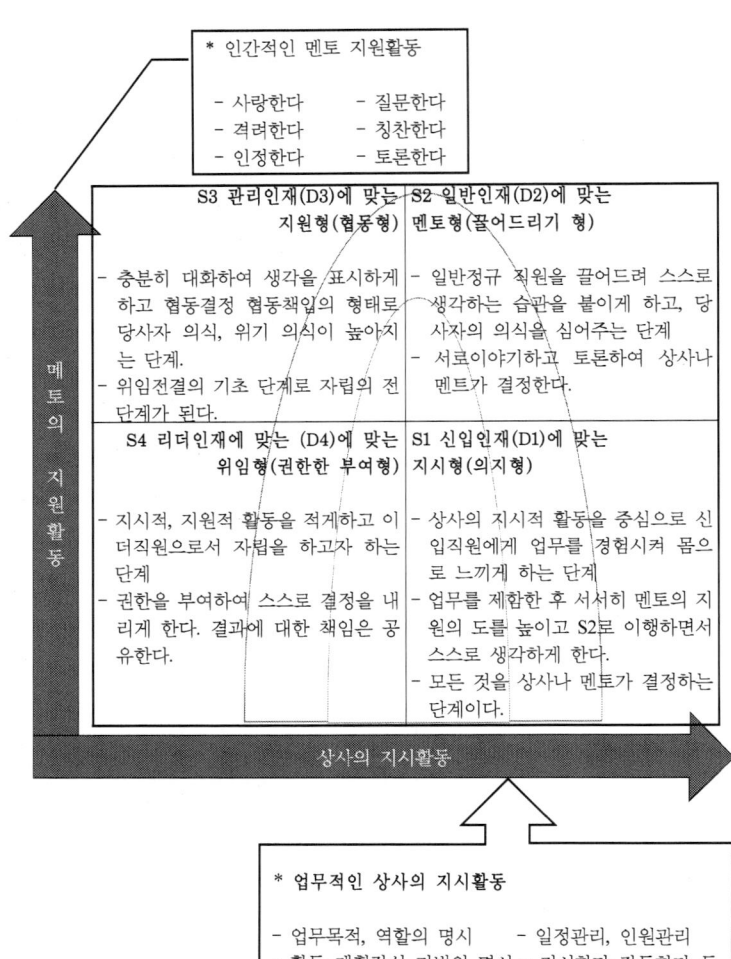

* 인간적인 멘토 지원활동

- 사랑한다      - 질문한다
- 격려한다      - 칭찬한다
- 인정한다      - 토론한다

| S3 관리인재(D3)에 맞는<br>지원형(협동형) | S2 일반인재(D2)에 맞는<br>멘토형(끌어드리기 형) |
|---|---|
| - 충분히 대화하여 생각을 표시하게 하고 협동결정 협동책임의 형태로 당사자 의식, 위기 의식이 높아지는 단계.<br>- 위임전결의 기초 단계로 자립의 전 단계가 된다. | - 일반정규 직원을 끌어드려 스스로 생각하는 습관을 붙이게 하고, 당사자의 의식을 심어주는 단계<br>- 서로이야기하고 토론하여 상사나 멘트가 결정한다. |
| S4 리더인재에 맞는 (D4)에 맞는<br>위임형(권한한 부여형) | S1 신입인재(D1)에 맞는<br>지시형(의지형) |
| - 지시적, 지원적 활동을 적게하고 이 더직원으로서 자립을 하고자 하는 단계<br>- 권한을 부여하여 스스로 결정을 내리게 한다. 결과에 대한 책임은 공유한다. | - 상사의 지시적 활동을 중심으로 신입직원에게 업무를 경험시켜 몸으로 느끼게 하는 단계<br>- 업무를 제한한 후 서서히 멘토의 지원의 도를 높이고 S2로 이행하면서 스스로 생각하게 한다.<br>- 모든 것을 상사나 멘토가 결정하는 단계이다. |

멘토의 지원활동

상사의 지시활동

* 업무적인 상사의 지시활동

- 업무목적, 역할의 명시      - 일정관리, 인원관리
- 활동 계획작성 기법의 명시 - 지시한다 감독한다 등

# Part 3

# 행복 Plus 핵심멘토양성 실무기술

멘토는 먼저 인격을 갖춘 인재로 개발되어 풍부한 인간성을 갖고, 다음에는 멘토링 전문교육을 수강하여 직장의 인재개발에 앞장서고, 최종적으로 멘토링 활동 12개월 현장 실습을 마친 후에도 계속해서 신입직원, 경력직원, 관리직원, CEO 임원 등 임직원의 눈높이 멘토로 지원(Supporting)하여 조직의 업무효율성에 기여하게 됨으로써 자연스럽게 핵심인재로 인정받게 된다.

[멘토 양성 방법]

1. 인격멘토—인격총서 4권으로 인격 프로그램 교육훈련으로 멘토를 양성한다.

2. 전문멘토—교육총서 10권으로 멘토링 전문인력 교육으로 멘토를 양성한다.

3. 직장멘토—Diamond 인재개발 교재로 12개월간 현장학습 후 멘토로 양성한다.

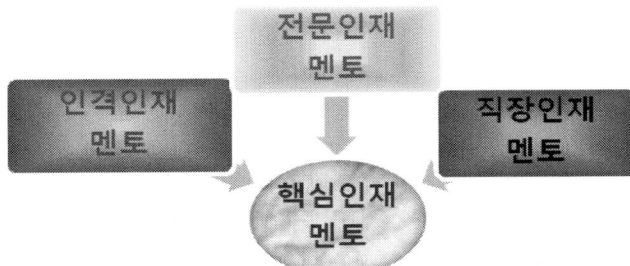

# 인격 멘토양성 실무기술

최초 멘토는 B.C 1250년 트로이 전쟁을 배경으로 한 호머의 그리스 신화에 등장하는 인물로 왕자 텔레마쿠스를 현명한 왕으로 성장시킨 사람이다. 특히 그는 남다르게 전인적인 인격프로그램으로 삶의 현장의 조언자로서 20년에 걸쳐 성공적으로 멘토 사명을 완수한 자이다. 그의 인격 리더십을 아래 내용으로 구체적으로 소개한다

멘토(Mentor)는 자신의 역량을 발휘하여 전인적인 삶의 조언으로 멘제를 자신과 같은 리더로 재생산하는 역할을 담당하는 사람이다. 그러므로 멘토는 먼저 자신이 인격적인 자질을 갖추는 것이 우선적이다.

한편으로 멘토는 인간을 기술자로 만드는 것이 아니고 기술자를 인간으로 만드는 멘토프로그램 주관자다. 그러므로 코치라고 해서, 교수라고 해서, 상담자라고 해서, 전문가라고 해서 다 멘토가 될 수 있는 것은 아니다.

바로 멘토는 기술자나 전문가 등 어느 분야에 편중되어 있는 것보다는 포괄적인 역량을 소유한 자라고 말할 수 있다. 텔레마쿠스 왕자를 지혜롭고 현명한 왕으로 성장시킨 아래에 기술한 최초 멘토(Mentor)

의 자질을 인격적인 차원에서 살펴보고자 한다.

멘토링에서 인격은 주어지는 것이 아니라 두 사람이 하나 되어 인격을 개발하고 넓히는 것이다.

1. 교육훈련 인격멘토 양성과정
2. 교육교재 인격멘토 양성법
3. 실무 Skill-인격개발(Star Game)기술

# 1. 교육훈련 인격멘토 양성과정

### 1-1 인격멘토 양성과정 개요(Outline)

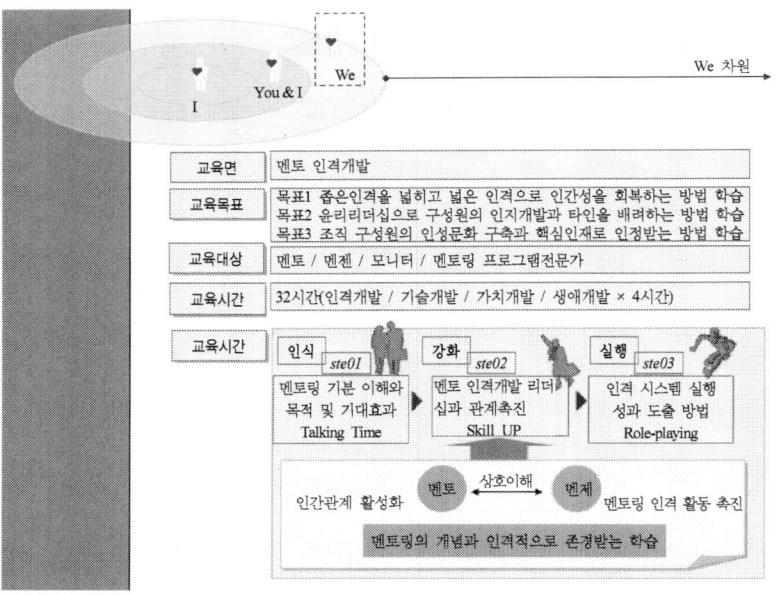

## 1-2 인격멘토 양성과정 내용(Contents)

멘토링의 핵심 내용인 멘토를 전인적인 인격(Personality) 프로그램을 적용하여 인격적으로 존경받고 아울러 멘제를 신뢰하는 멘토로 양성하는 프로그램이다.

1) 교육과정: 인격개발 멘토양성 과정
2) 교육대상: 멘토를 중심으로 멘제 모니터
3) 교육시간: 특강/일반과정 08~32H
4) 교육교재: 인격총서 교재 시리즈-4권

| Module | 인격과정 | 기술과정 | 가치과정 | 생애과정 | 계 |
|---|---|---|---|---|---|
| 1 Personality 인간인격개발 | 6.0 | | | | 6.0 |
| 2 Skill 인간기술개발 | | 6.0 | | | 6.0 |
| 3 Value 인간가치개발 | | | 6.0 | | 6.0 |
| 4 Life 인간 생애개발 | | | | 6.0 | 6.0 |
| 5 Model 멘토모델개발 | 1.0 | 1.0 | 1.0 | 1.0 | 4.0 |
| 6 Case Study 사례연구 | 1.0 | 1.0 | 1.0 | 1.0 | 4.0 |
| 합계 | 8.0 | 8.0 | 8.0 | 8.0 | 3.2 |

[기대효과]

1) 멘토링을 통한 전인적인 인격 프로그램의 의미에 대해 올바른 이해를 가진다.
2) 최초 멘토의 수학, 철학, 논리학 교재와 인격과의 연결학습을 가

진다.

3) 멘토/멘제가 평등한 관계로 인격적인 존경과 신뢰로 한마음을 가진다.

4) 멘토는 인간성으로 개인의 만족과 조직의 효율성에 균형경영을 이룬다.

5) 멘토는 인격 리더십이 개발되어 조직에서 핵심인재로 인정 받게 된다.

## 1-3 인격멘토 양성과정 커리큐럼(Curriculum)

오늘날 멘토링 활동에서 멘토의 인격개발 활동은 먼저 잠재역량으로 내재하고 있는 멘토의 암묵적인 인격(Ex-Plicit)과 그리고 이미 외부로 표출된 형식적인 인격(Tacit)에 관한 두가지 내용을 멘제에게 전인적인 프로그램으로 지원하는 것이다.

| 과정 | Hour | 교육내용 | | 경영진단 | 참고도서 |
|---|---|---|---|---|---|
| 인격<br>개발<br>과정 | 1H | 주제 1 | 멘토링 사례 | 자기 인격<br>5단계 Step 진단 | 1. 멘토링 인격<br>오디세이 |
| | | 제1장 | 인격 멘토링 사례 | | |
| | 6H | 주제 2 | 인격본질-5 | [진단주제]<br>1. 생각 Thinking<br>2. 언어 Talking<br>3. 행동 Acting<br>4. 습관 Customming<br>5. 인격 Personaliting | 2. 멘토링 인간<br>가치경영 |
| | | 제1장 | 인격개념(Concept) | | |
| | | 제2장 | 인격정의(Definition) | | |
| | | 제3장 | 인격진단( Test) | | |
| | | 제4장 | 인격평가(Evalution) | | |
| | | 제5장 | 인격개발(Development) | | |
| | 1H | 주제 3 | 멘토 모델 | [인격리더십 진단]<br>1. 전문 분야<br>2. 정서 분야<br>3. 의지 분야 | |
| | | 제1장 | 멘토 정신 1) | | |

| 과정 | Hour | 교육내용 | | 경영진단 | 참고도서 |
|---|---|---|---|---|---|
| 기술<br>개발<br>과정 | 1H | 주제 1 | 멘토링 사례 | 우리직장 행복지수는<br>몇 점인가?<br><br>[진단주제]<br><br>1. 사랑지수<br>2. 우정지수<br>3. 성격지수<br>4. 마음지수 | 1. 멘토링 활동<br>촉진기술<br><br>2. 멘토링 인간<br>존중경영 |
| | | 제1장 | 행복 멘토링 사례 | | |
| | 6H | 주제 2 | 인간 Skill-5 | | |
| | | 제1장 | 칭찬 Skill | | |
| | | 제2장 | 소통 Skill | | |
| | | 제3장 | 감성 Skill | | |
| | | 제4장 | 창의 Skill | | |
| | | 제5장 | 열정 Skill | | |
| | 1H | 주제 3 | 멘토 모델 | | |
| | | 제1장 | 멘토 정신 2) | | |

| 과정 | Hour | 교육내용 | | 경영진단 | 참고도서 |
|---|---|---|---|---|---|
| 가치<br>개발<br>과정 | 1H | 주제 1 | 멘토링 사례 | 우리 회사 희망지수는<br>몇 점인가?<br><br>[진단주제]<br>1. Humanity 전략<br>2. Twoway 전략<br>3. C. R. M 전략<br>4. High Touch전략<br>5. Mindship 전략 | 1. 멘토링 인간<br>가치경영<br><br>2. 멘토 행복Plus<br>기술 |
| | | 제1장 | 희망 멘토링 사례 | | |
| | 6H | 주제 2 | 인간 Value-5 | | |
| | | 제1장 | 인성가치 | | |
| | | 제2장 | 관계가치 | | |
| | | 제3장 | 리더가치 | | |
| | | 제4장 | 혁신가치 | | |
| | | 제5장 | 성과가치 | | |
| | 1H | 주제 3 | 멘토 모델 | | |
| | | 제1장 | 멘토 정신 3) | | |

| 과정 | Hour | 교육내용 | | 경영진단 | 참고도서 |
|---|---|---|---|---|---|
| 생애<br>개발<br>과정 | 1H | 주제 1 | 멘토링 모델 | 동행멘토 적합성은<br>몇 점인가?<br><br>[진단주제]<br>1. 멘토의 자질<br>2. 멘토의 역할<br>3. 멘토의 동행 | 1. 멘토링 생애<br>진단도구<br><br>2. 멘토링<br>다이몬드<br>인재개발법 |
| | | 제1장 | 동행 멘토링 사례 | | |
| | 6H | 주제 2 | 생애 Test-5 | | |
| | | 제1장 | 마음 Test | | |
| | | 제2장 | 건강 Test | | |
| | | 제3장 | 재능 Test | | |
| | | 제4장 | 자금 Test | | |
| | | 제5장 | 미래 Test | | |
| | 1H | 주제 3 | 멘토 모델 | | |
| | | 제1장 | 멘토 정신 4) | | |

# 2. 교육교재 인격멘토 양성법

## 2-1 인격멘토 양성과정 교재(Books)

    인격총서 4권의 교재는 우리 사회에서 상실된 인간성을 회복하고 각 조직의 지도자들이 인격적으로 존경받고 구성원들이 인격적으로 대우 받기 위하여 출간되었다.

| | |
|---|---|
|  | * 멘토링 인격 오디세이(271p, 19,000원)<br>인격시리즈 신간은 2000년부터 부분적으로 교육과정에 적용되어왔다. 금번 그동안 10년에 걸쳐 인격에 관한 자료수집, 전문도서 그리고 교육 강의안을 종합 정리하여 4권의 신간에 그 내용을 담아 출간하였다. 1권은 인격의 본질편으로 멘토링과 인격관계 그리고 인격개념, 인식, 진단, 평가, 개발, 그리고 모범사례를 다루었다.<br>1. 인격개념(Concept)<br>2. 인격정의(Definition)<br>3. 인격진단(Test)<br>4. 인격평가(Evalution)<br>5. 인격개발(Development) |
|  | * 멘토링 인간가치 경영(209p, 15,000원)<br>이 책은 오늘날 경영 현장에서 인간가치개발 프로그램을 적용하여 크게 두 가지면으로 1) 기업의 가치경영 편과 2) 인간 개인의 가치개발 편을 다루었다.<br>주요 내용은 기업차원에서 인간중심 경영전략, 개인차원에서 인간의 5가지 핵심가치로 인격가치, 관계가치, 리더가치, 혁신가치 그리고 성과가치 개발하는 방법을 제시했다.<br>1. 인성(Humanity)개발기술<br>2. 관계(Relation)개발기술<br>3. 리더(Leadering)개발기술<br>4. 혁신(Innovation)개발기술<br>5. 성과(Performance)개발기술 |

인격개발 총서 4권의 교재는 멘토링 차원에서 인격기본이해 1권과 나머지 3권은 인격을 이해하고 개발하는 데 보완 기술로 활용된다.

인격 4권 시리즈는 내부적으로는 먼저 멘토개발 및 인재개발 교재용으로 활용될 것이고 외부적으로 오늘날 사회 각 조직마다 상실된 인간성을 회복하고 지도자들이 윤리리더십을 회복하는 자정 프로그램으로, 그리고 국가적인 차원에서는 선진국 문턱을 넘는 국격(國格)을 높이는 인간벨트(Human Belt) 구축의 핵심 프로그램으로 활용될 것이다.

|  | * 멘토링 활동 촉진기술(182p, 13,000원) |
| --- | --- |
| | 이 책의 내용으로는 먼저 멘토링의 기본이해, 그리고 활동 촉진 기술 5개－칭찬기술, 소통기술, 감성기술, 창의기술, 열정기술－를 사례를 곁들여 소개하였다.<br>마지막으로 멘토와 멘제가 현장에서 미팅에 필요한 3가지 기술－대화기술, 관계기술, 미팅기술－을 실었다.<br>1. 소통(Communication)개발기술<br>2. 칭찬(Pygmalion)개발기술<br>3. 감성(Emotional)개발기술<br>4. 창의(Creativity)개발기술<br>5. 열정(Passion)개발기술 |
|  | * 멘토링 생애진단도구(153p, 11,000원) |
| | 이 책은 인격 부문 중 의지(Will)면을 보완하는 과정으로 인간의 생애에서 가장 중요한 5가지 요소(Life Element)를 중요도 우선 순서로 개발하는 학습과정으로 생애 자정(自淨) 진단도구를 활용한다. 우선순위로 1) 마음개발, 2) 건강개발, 3) 재능개발, 4) 재물개발, 그리고 5) 미래개발의 순서이다.<br>1. 마음(Mind)개발기술<br>2. 건강(Health)개발기술<br>3. 재능(Talent)개발기술<br>4. 자금(Money)개발기술<br>5. 미래(Future)개발기술 |

# 3. 실무 Skill – 인격개발(Star Game)기술

## 3-1 Star Game 요약

멘토링 프로그램의 콘텐츠는 인격이다. 최초의 멘토가 텔레마쿠스 왕자를 20년 동안 교재로 수학(知), 철학(情), 논리학(意)을 사용한 데서 기인하며 오늘날 인격을 상징한다. 그러므로 멘토의 존재 이유는 전인적인 삶의 조언자 역할을 하기 위함이다. Star Game은 인격을 5가지 주제로 구분하여 멘토/멘제 상호 간 점검하여 삶을 개선함으로써 인격 지수를 높이고자 하는 프로그램이다.

### 1) Star(스타) Game의 목적
(1) 자기가치를 측정하여 인재개발지수(P.D.I)를 파악하고
(2) 강점과 약점을 멘토링 소재로 삼아 그 지수를 업그레이드 하여
(3) 멘제를 "21C 차세대 리더 멘토"로 재생산하는 일이다.

### 2) Star Game의 명칭어원
한 사람의 인격의 가치를 5가지 주제로 선정하여 체크하고 별(Star)의 5가지 각(角)에 표시할 수 있도록 한 차트를 말한다. 한 사람을 탑스타(Top Star)로 개발한다는 상징적인 의미도 담았다.

Star Game 요약

① Hightouch 마음지수

③ Highhealth 건강지수

② Hightech 지식지수

④ Highcontrol 관리지수

⑤ Highrelation 관계지수

| 수: 81~100 | 우: 61~80 | 미: 41~60 | 양: 21~40 | 가: 0~2 |
|---|---|---|---|---|
| ° | ° | ° | ° | ° |

## 3-2 Star Game 측정표

☐ 인격가치개발은 멘토링 활동기간에 현재 자기의 인격지수를 진단하여 상호 간 고품격의 인격개발로 업그레이드하고자 한 것이 목적이다.

☐ 절대평가로 타인과 비교할 필요없이 자기의 삶의 현장에서의 습관과 행동을 그대로 표시하면 된다.

☐ 다음의 각 설문이 당신의 경우에 얼마나 해당되는지 아래 점수를 기록하되 설문 한 개당 5점, 4점, 2점, 1점, 0점으로 한다.

| 주제 | 번호 | 진단설문도구 | 점수 |
|---|---|---|---|
| 마음지수 | 1 | 나는 타인을 위해 넓게 포용력을 발휘하는 편이다. | |
| | 2 | 나는 이웃을 위해 구체적으로 헌신 봉사한 사례가 있다. | |
| | 3 | 나는 다른 사람과 다툼이 있을 때 먼저 화해를 청한다. | |
| | 4 | 나는 타인을 책망하기보다는 칭찬을 더 많이 해주는 편이다. | |
| 지식지수 | 5 | 내가 소지한 자격증이나 노하우를 활용하고 있다. | |
| | 6 | 내가 취득한 기술이나 정보를 제대로 활용하고 있다. | |
| | 7 | 나의 I T (정보기술－컴퓨터 인터넷 등) 실력은 수준급이다. | |
| | 8 | 나의 외국어실력은 외국인과 의사소통을 잘하는 수준이다. | |
| 건강지수 | 9 | 나는 정기적으로 건강을 위해 운동을 한다. | |
| | 10 | 나는 건강에 유의하면서 음식을 가려 섭취한다. | |
| | 11 | 나는 정신 수양을 위해 명상의 시간을 가진다. | |
| | 12 | 나는 스트레스를 받으면 바로 풀려고 노력한다. | |
| 관계지수 | 13 | 나는 직장에서 구성원과 인간관계가 좋은 편이다 | |
| | 14 | 나는 가정에서 식구들과 대화를 잘하는 편이다. | |
| | 15 | 나는 사회에서 학회나 전문인 모임에서 교제를 넓히고 있다. | |
| | 16 | 나는 사회 건전 단체나 봉사 기관에 참석하고 있다. | |
| 관리지수 | 17 | 나는 윤리의식에서 선(善)과 악(惡)을 판단하여 행동한다. | |
| | 18 | 나는 혈기(血氣), 식욕(食慾), 성욕(性慾) 등 절제력이 있다. | |
| | 19 | 나는 생애 목표로 시간(時間)과 자금 계획을 세우고 있다. | |
| | 20 | 나는 승진 등 리더십 개발을 위한 계획을 갖고 있다. | |
| 합 계 | | 탁월(81～10), 우수(61～80), 보통(41～60), 부족(21～40), 미달(01～20) | |

## 3-3 Star Game Chart

Star Game 측정표에서 5가지 주제별로 각 지수(점수)를 먼저 확인하고서 다음 단계로 들어갑니다. 아래 별을 보면 각 꼭지별로 10칸씩 나눠 있음을 발견할 것입니다. 그러면 각 지수 별의 만점은 한 꼭지당 20점임으로 한 칸에 2점씩 배점하여 실득 점수를 가지고 큰 별 속에서 작은 별(실제득점지수)을 그리면 멘토와 멘제의 별(Star)이 시각화(視覺化)된다.

□ 멘토:

□ 멘제:

□ 작성일자:

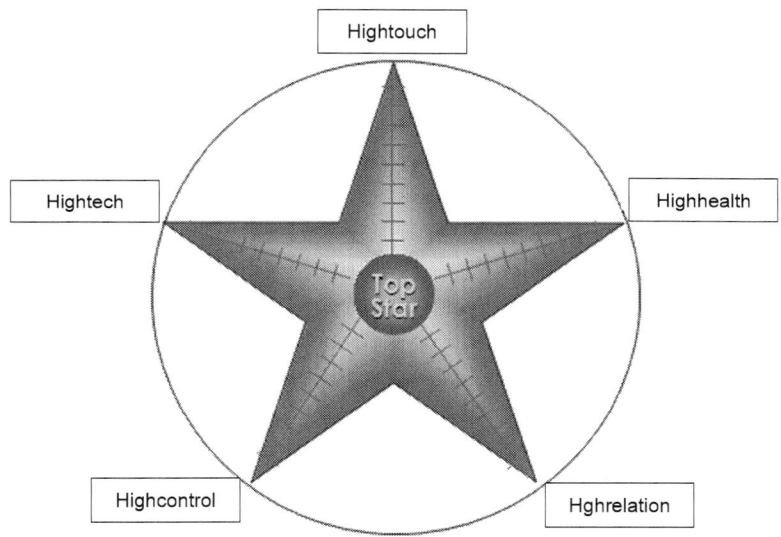

* 별 내부의 사선 1칸이 2점씩으로 별 1각이 20점이다.

* 5각의 점수를 참고하여 내 자신의 별을 큰 별 안쪽으로 그린다.

## 3-4 Brain Game 적용방법

### 1) 개인개발 목표 4개 영역별 주제

멘토링에서 개인개발의 목표는 Star Game에서 주어진 5가지 주제를 업그레이드(Up Grade)하는 것이다. 즉 나의 "인재개발지수(PDI)"

를 높이는 것이다. 이를 위해 우선 제2장에서 측정된 개인의 지수를 검토하고 약점부분을 우선적으로 보완할 수 있는 대안을 마련해야 한다. 예를 들자면 5가지 중에서 지식지수가 낮으면 그 부분을 중점적으로 멘토링 기간 동안 관심을 갖고 멘토, 멘제가 공동으로 개선활동을 해야 한다는 것이다.

① Hightouch(마음지수) ② Hightech(지식지수) ③ Highhealth(건강지수) ④ Highcontrol(관리지수) ⑤ Highrelation(관계지수)

조직 개발 멘토링 활동에서 가장 중요한 것은 "어떻게 도입목표를 설정할 것인가"이다. 막연한 가운데 멘토링을 진행한다는 것은 실패를 안고 시작하는 것과 다름이 없기 때문에 아래와 같이 조직에 도입 가능한 목표 주제 12가지를 선정해서 모델로 정했다. 그러나 각 조직의 형편에 따라 충분히 가감(加減)할 수 있다.

| No | 기업부문 | 학교부문 | 대학부문 | 교회부문 |
|----|---------|---------|---------|---------|
| 1 | 신입사원 정착 | 신입생정착 | 입학 재원 확보 | 새신자정착 향상 |
| 2 | 업무숙달 OJT | 신입교사정착 | 신입생정착 향상 | 교인출석율 향상 |
| 3 | 경력개발 촉진 | 교사교작숙달 | 직원 OJT 멘토링 | 평신도사역자 개발 |
| 4 | 지식기술 공유 | 학생학습능력 | 자격증 취득과정 | Slump교인 치유 |
| 5 | 노사화합 촉진 | 왕따방지연결 | 외국어 실력 향상 | 청소년활성화 |
| 6 | 핵심인재 개발 | 특기 재능 개발 | 취미/오락생활 | 독서 인재 양성 |
| 7 | Sales Skill | 취미 오락 지도 | 학습능력 향상 | 성숙교인 개발 |
| 8 | 독서인재 개발 | 슬럼프생 치유 | 독서권장 인재 개발 | 직분자 양성 |
| 9 | 생산품질향상 | 학생생활 지도 | Slump 직원학생 치유 | 지도자 양성 |
| 10 | 서비스사원 | 영재천재 개발 | 취업율 향상 | 제자훈련 |
| 11 | 여성인재 개발 | 학생진로 지도 | 노사화합촉진 | 중보기도 지원 |
| 12 | 협력업체 지원 | 교사자기 장학 | 교수지식경영 | 여성교인 개발 |

2) 아이디어 취합 카드

▷ 멘토링 팀별로 인격개발 프로그램 5가지 주제에서 시간의 분량 범위 내에서 토의 대상 가짓수를 선택하고 분임 토의 식으로 진행하여 Idea를 개발하되 숫자의 제한을 받지 않는다.

▷ 조직목표의 12가지 주제를 참고로 하되 시간의 분량에 따라 몇 가지를 할 것인가 선택한다.

▷ 각 팀장은 자기 팀에서 다룬 주제별 Idea를 아래 양식에 의거 제출하고 팀 전체 관리자는 전체를 한눈에 볼 수 있도록 취합해서 게시한다

□ 주제별:

□ 팀명:

□ 팀장:

□ 팀원:

Idea 집계표

| NO | 아이디어 | NO | 아이디어 |
|----|---------|----|---------|
| 1 |  | 11 |  |
| 2 |  | 12 |  |
| 3 |  | 13 |  |
| 4 |  | 14 |  |
| 5 |  | 15 |  |
| 6 |  | 16 |  |
| 7 |  | 17 |  |
| 8 |  | 18 |  |
| 9 |  | 19 |  |
| 10 |  | 20 |  |
|  |  |  |  |
|  |  |  |  |
|  |  |  |  |

# 3. 개인목표 실천 카드

Brain Game Idea 중에서 멘토와 멘제가 멘토링 활동기기간에 시행 가능한 사항을 주제별 아이디어 중에서 5가지 이내로 선택한다. 반드시 주제에 맞고 그리고 타임테이블(Time Table)을 적용하여 작성해야 한다.

□ 멘토(Mentor):　　　　인

□ 멘제(Menger):　　　　인

□ Mentoring 기간: 200 .　　.　　.～200 .　　.　　.

□ 소속:

Mentor 실천카드(　)　　　　Menger 실천카드(　)

| 주제별 | 실 천 사 항 |
|---|---|
| 마음 | 1.<br>2.<br>3.<br>4.<br>5. |
| 지식 | 1.<br>2.<br>3.<br>4.<br>5 |
| 건강 | 1.<br>2.<br>3.<br>4.<br>5 |
| 자기관리 | 1.<br>2.<br>3.<br>4.<br>5. |
| 인간관계 | 1.<br>2.<br>3.<br>4.<br>5. |

# 제2장
## 전문 멘토양성 실무기술

    멘토를 구체적인 전문인재로 개발하는 데 5가지 기준을 설정하고 그에 따라 5단계(Step)로 개발하는 방법을 다룬다. 멘토들이 시간을 어디에 써야 할지 어떠한 소재로 멘제와 대화할지 등 궁금해할 수도 있다. 그러므로 멘토링 전문인재 속에 다음 다섯 가지 형태의 멘토들을 확보할 수 있도록 노력하여야 한다. 이 다섯 가지 단계에 의한 전문인재로 개발할 시 핵심인재 리더로 회사에 놀라운 가치를 부여해 줄 것이다.

    멘토를 조직의 전문인재(Expert Leader)로 개발 목적으로 멘토링 전문인력 양성 프로그램을 적용하여 교육시간대별로 5단계로 양성하는 프로그램이다.


    1. 교육훈련 전문멘토 양성과정

    2. 교육교재 전문멘토 양성법

    3. 실무 Skill 멘토 전문성 진단기술

| | |
|---|---|
| **Combi 멘토**<br>⬇ | **Step 1 잠재력의 가치 – 자신의 능력을 개발하는 멘토**<br>모든 리더들이 가져야 하는 첫 번째 능력은 자기 자신을 개발하고 동기부여를 주는 능력이다. 당신의 눈을 이런 잠재력을 가진 멘토를 보기 위해 눈을 넓게 열고 바로 양성에 힘써라. |
| **Silver 멘토**<br>⬇ | **Step 2 긍정적의 가치 – 조직의 사기를 진작하는 멘토**<br>조직에서 피스메이커(Peace Maker)로서 다른 사람을 세워주고 조직의 사기를 높여주는 사람 즉, 멘토(Mentor)는 무한한 가치가 있는 사람이다. 그들을 핵심그룹에 속할 수 있는 훌륭한 자산을 가진 사람들로 양성하라. |
| **Gold 멘토**<br>⬇ | **Step 3 인격의 가치 – 멘제를 멘토로 개발하는 멘토**<br>멘토는 맨위에서 무거운 짐을 지고 가는 사람이라는 것은 사실이다. 사실 앞에서 일할 때, 멘토는 사람들의 손쉬운 표적이 될 수 있다. 그러나 홀로 그 짐을 지려고 해서는 안된다. 그래서 우리는 이렇게 말할 수 있다. "맨 앞에 있는 사람은 외롭습니다. 그러므로 다른 사람과 그 일을 함께 하시오." 멘제를 세워주는 사람보다 더 좋은 사람이 어디에 있겠는가? 그 사람이 예스맨으로서가 아니라 협력(Collaboration)자요 든든한 후원자일 때 말이다. 멘제를 향상시켜 줄 수 있는 전문인재인 멘토로 그룹을 형성할 수 있도록 양성하자. |
| **Diamond 멘토**<br>⬇ | **Step 4 생산의 가치 – 다른 사람을 세워주는 멘토**<br>다른 사람을 리더로 세워주는 능력을 가진 멘토는 당신의 핵심그룹에서 대단히 중요한 인물들이다. 이러한 멘토에게 핵심역량은 바로 멘토리더십으로 무장하는 것임을 알아야 한다. 조직에서 중간리더로 조직의 성과개발에 기여할 수 있도록 양성에 힘써라. |
| **Best 멘토**<br>⬇<br>전문<br>멘토 | **Step 5 인정의 가치 – 다른 사람들을 세워주는 리더를 기르는 멘토**<br>어느 것보다도 소중히 여겨야 할 가치는 다른 리더들을 자신과 같은 멘토로 길러주는 리더 즉 재생하는 멘토의 가치이다. 이 가치는 조직의 핵심리더로서 다양한 리더십을 발생시킨다. |

# 1. 교육훈련 전문멘토 양성과정

## 1-1 전문멘토 양성과정 개요(Outline)

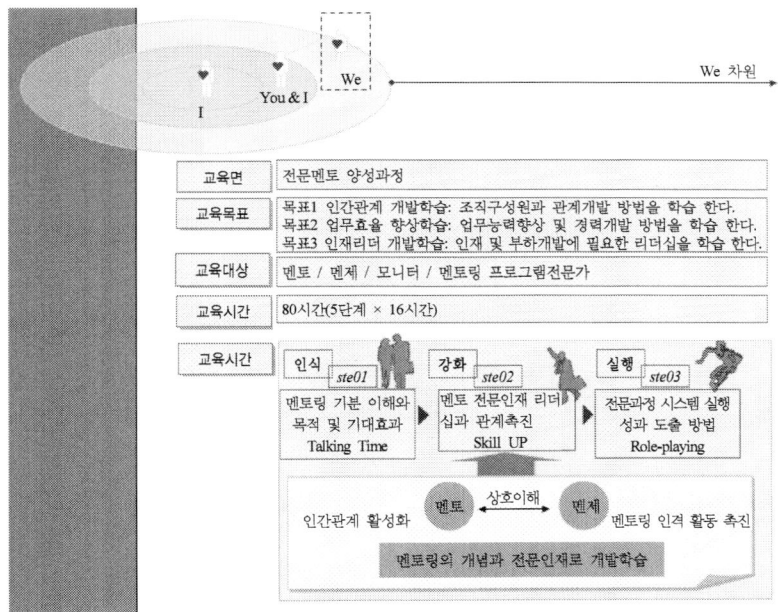

| 교육면 | 전문멘토 양성과정 |
|---|---|
| 교육목표 | 목표1 인간관계 개발학습: 조직구성원과 관계개발 방법을 학습 한다.<br>목표2 업무효율 향상학습: 업무능력향상 및 경력개발 방법을 학습 한다.<br>목표3 인재리더 개발학습: 인재 및 부하개발에 필요한 리더십을 학습 한다. |
| 교육대상 | 멘토 / 멘제 / 모니터 / 멘토링 프로그램전문가 |
| 교육시간 | 80시간(5단계 × 16시간) |

## 1-2 전문멘토양성 교육과정 내용(Contents)

* 교육목적: 멘토전문인재, 프로그램전문가, 인재개발 리더십개발
  학습이 목적임

* 교육참가: 기업, 학교, 대학, 정부기관, 교회, 군대, 복지재단 등
  조직의 임직원

* 교육과정: 멘토전문 인재과정: 5단계 멘토 양성과정 – 16H~80H

　　　　전문강사 자격과정: 사내 강사 양성과정 – 60H

　　　　컨설턴트 자격과정: 컨설턴트 양성과정 – 80H

| Contents(총서 – 10권) | Combi | Silver | Gold | Diamond | Best |
|---|---|---|---|---|---|
| 1. 인간이해(Story) | 1 | 2 | 3 | 4 | 4 |
| 2. 인간스킬(Skill) | 4 | 6 | 10 | 12 | 16 |
| 3. 인간리더십(Leadership) | 2 | 4 | 6 | 8 | 10 |
| 4. 인간게임(Game) | 4 | 6 | 10 | 12 | 16 |
| 5. 인간도구(Tool) | 2 | 4 | 6 | 8 | 10 |
| 6. 인간전략(Strategy) | 1 | 2 | 3 | 4 | 5 |
| 7. 인간성 경영(Humanity) | | 2 | 2 | 4 | 4 |
| 8. 생산성 경영(Management) | | 2 | 2 | 4 | 4 |
| 9. 인간매뉴얼(Manual) | 1 | 2 | 3 | 4 | 5 |
| 10. 인간사례(Case Study) | 1 | 2 | 3 | 4 | 5 |
| 합계 | 16H | 32H | 48H | 64H | 80H |

[기대효과]

1) 멘토링 원리와 현장 프로그램에 대한 올바른 이해를 가진다.

2) 멘토/멘제 상호 간 관계 촉진 커뮤니케이션이 원활해진다.

3) 멘토/멘제가 미팅 시 소재개발에 아이디어를 갖게 된다.

4) 멘토십이 개발되어 멘제를 양육하는 데 노하우를 갖게 된다.

5) 멘토는 리더십이 개발되어 회사의 핵심인재로 인정받게 된다.

## 1-3 전문멘토양성 교육과정 커리큘럼(Curriculum)

[1~4차 교육과정 안내]

1) 교육방법: 단위업체나 기관에서 5인 이상의 경우는 지도강사 현

장출강 가능함

2) 교육진행: 1차 시에 20시간 곱하기 4차 시=80시간으로 구분 진행

3) 자세안내: 안내서 요청 시 ppt-20p 분량으로 커리큐럼 제안서 송부

| 차수 | 주제 | 시간 | 시행모델 |
|---|---|---|---|
| 1차 | Mentoring Leadership<br>1일 멘토링 스토리<br>2일 멘토링 리더십 | 2일간<br>20H | 매월<br>매주 금/토요일 |
| 2차 | Mentoring Skill<br>1일 인재개발 게임<br>2일 활동 촉진기술 | 2일간<br>20H | 매월<br>매주 금/토요일 |
| 3차 | Mentoring Strategy<br>1일 멘토링 전략<br>2일 인간성/생산성 멘토링 | 2일간<br>20H | 매월<br>매주 금/토요일 |
| 4차 | Mentoring Consulting<br>1일 멘토링 도구<br>2일 멘토링 매뉴얼 | 2일간<br>20H | 매월<br>매주 금/토요일 |

## 1-4 4차 4일 커리큐럼 소개

### 1) 1일차 20시간 멘토링 리더십(Mentoring Leadership) 커리큐럼

| Module | Contents | Ref |
|---|---|---|
| 1일<br>멘토링<br>Story | 1. 멘토링 원리기본 이해<br>2. 멘토링 효율적인 제의<br>3. 멘토링 조직별 필요성<br>4. 멘토링 활동지침<br>5. 멘토링 차별화 | 멘토링 일반 관심자도<br>참가 가능한 과정임 |
| 2일<br>멘토링<br>Leadership | 1. 멘토링 리더십 이해<br>2. 멘토링 인재경쟁력<br>3. 멘토링 리더십 Best-5<br>4. 멘토링 리더십 실전전략 | 멘토 핵심인재 대상자도 참가 가능한<br>과정임 |
| Self<br>Study | 인격총서<br>1. 멘토링 인격 오디세이(도서) | |

## 2) 2일차 20시간 멘토링 기술(Mentoring Skill) 커리큐럼

| Module | Contents | Ref |
|---|---|---|
| 1일<br>멘토링<br>인재개발 게임 | 1. 유년용 개발 게임<br>2. 청소년용 개발 게임<br>3. 어른용 개발 게임<br>4. 감성개발 게임<br>5. 미래개발 게임 | 조직의 멘토<br>관리자/모니터도<br>참가 가능한과정임 |
| 2일<br>멘토링<br>활동촉진 기술 | 1. 멘토개발 Best-5<br>2. 멘제개발 7원칙<br>3. 대화촉진 기술<br>4. 관계촉진 기술<br>5. 미팅촉진 기술 | 조직의 멘토 관리자/모니터도 참석가<br>능한 과정임 |
| Self<br>Study | 인격총서<br>2. 멘토링 인간가치경영(도서) | |

## 3) 3일차 20시간 멘토링 전략(Mentoring Strategy) 커리큘럼

| Module | Contents | Ref |
|---|---|---|
| 1일<br>멘토링<br>전략 | 1. 멘토링 핵심가치 전략<br>2. 멘토링 시스템구축<br>3. 멘토링 행정도구<br>4. 온라인 매뉴얼<br>5. 멘토링 실전성공전략 | 멘토링 전문가도 참석 가능 과정임 |
| 2일<br>멘토링<br>인간성/생산성 | 1. 인간존중의 본질과 당위성<br>2. 멘토링 인간존중지수(HRI)<br>3. 멘토링 경영의 필요성<br>4. 멘토링 경영생산성효과<br>5. 멘토링 조직개발생산성 | 멘토링 전문가도 참석가능 과정임 |
| Self<br>Study | 인격총서<br>3. 멘토링 활동 촉진기술(도서) | |

### 4) 4일차 20시간 멘토링 컨설팅(Mentoring Consulting) 커리큘럼

| Module | Contents | Ref |
|---|---|---|
| 1일<br>멘토링<br>도구 | 1. 준비과정 Tool<br>2. 도입과정 Tool<br>3. 활동과정 Tool<br>4. 평가과정 Tool | 컨설팅 실무자도 참석 가능함 |
| 2일<br>멘토링<br>매뉴얼 | 1. 교육컨설팅 모델 매뉴얼<br>2. 컨설팅수행 모델 매뉴얼<br>3. 청소년 멘토링 운영방법<br>4. 멘토링 지도사 유의사항 | 컨설팅 실무자도 참석 가능함 |
| Self<br>Study | 인격총서<br>4. 멘토링 생애진단도구(도서) | |

# 2. 교육교재 전문멘토 양성법

## 2-1 전문멘토 교육총서 10권 권별 주제

멘토링 출간도서의 주제는 인간, 인격, 리더라는 멘토링 Key Word
를 살려 멘토링 20~80시간까지 정규교육과 4~20시간까지 각종 특
강교육 그리고 현장 컨설팅 매뉴얼과 기법 그리고 행정서식을 담은
내용으로 편집되었다.

| 권 | Theme | | 요약설명 |
|---|---|---|---|
| 1 | Story | 원리 | 멘토링 유래 등 원리 기본 이해를 다룬 내용 |
| 2 | Skill | 기술 | 멘토의 소통기술 등 현장 활동 촉진 기술을 다룬 내용 |
| 3 | Leadership | 리더십 | 멘토의 인간관계 영향력 행사를 다룬 내용 |
| 4 | Game | 게임 | 멘토의 성격개발 등 인재개발 게임을 다룬 내용 |
| 5 | Tool | 도구 | 멘토링 과정에서 행정양식 등 조직개발 각종 도구를 다룬<br>내용 |

| 6 | Strategy | 전략 | 멘토링 활동에서 성공요건 및 실패요인 분석을 다룬 내용 |
|---|---|---|---|
| 7 | Humanity | 인간성 | 멘토링 활동에서 만족기법 등 인간존중을 다룬 내용 |
| 8 | Productivity | 생산성 | 멘토링 과정에서 투자에 대비 생산성 효과를 다룬 내용 |
| 9 | Manual | 매뉴얼 | 멘토링 12개월 운영방법인 4Process를 컨설팅 차원에서 다룬 내용 |
| 10 | Case Study | 사례 | 멘토링 개인 및 조직, 기업, 대학, 학교, 교회, 청소년, 정부기관 등의 사례를 다룸 |

## 2-2 전문멘토 교육총서 10권 및 종합편 소개

멘토링 도서 자체 출판은 그동안 10여 년에 걸쳐 자체 연구와 강의 교재 그리고 국내외 수집자료를 종합 정리하여 멘토링 교육 20, 40, 60, 80시간에 해당하는 교재를 출간한 것으로 연구총서 10권과 종합 판으로 3권을 출간했다.

### 1) 교육총서 단행본

| NO | Theme | Book Title | page | Price | Ref |
|---|---|---|---|---|---|
| 1 | Story | 멘토링 인간경영 원리 | 176 | 30,000원 | ppt File |
| 2 | Skill | 멘토링 인간경영 기술 | 162 | 30,000원 | ppt File |
| 3 | Leadership | 멘토링 인간경영 리더십 | 155 | 30,000원 | ppt File |
| 4 | Game | 멘토링 인간경영 게임 | 237 | 30,000원 | ppt File |
| 5 | Tool | 멘토링 인간경영 도구 | 173 | 30,000원 | ppt File |
| 6 | Strategy | 멘토링 교회목회 전략 | 165 | 30,000원 | ppt File |
| 7 | Humanity | 멘토링 인간성 목회 | 135 | 30,000원 | 한글 |
| 8 | Productivity | 멘토링 생산성 목회 | 143 | 30,000원 | 한글 |
| 9 | Manual | 멘토링 인간경영 매뉴얼 | 172 | 30,000원 | ppt File |
| 10 | Case Study | 멘토링 인간경영 사례 | 172 | 30,000원 | ppt File |

## 2) 교육총서 종합편

| NO | Series Title | page | Price | Ref |
|---|---|---|---|---|
| 1. 연구(총서 1~5) | 멘토링 연구 종합편 | 877 | 150,000원 | 총서 종합편으로<br>도서관 비치용 |
| 2. 경영(총서 6~10) | 멘토링 목회 종합편 | 772 | 150,000원 | |
| 3. 사례(조직별) | 멘토링 사례 종합편 | 710 | 100,000원 | |

# 3. 실무 Skill 멘토 전문성 진단기술

멘토활동에서 먼저 전문성별로 3개 주제에 월별로 목표 9가지 소재를 Workshop 형태로 테스트하여 활동 목표 점수를 올리도록 한다.

- 적합성(Compatibility) - 멘토와 멘제가 멘토링 활동에 적합한가?
- 생산성(Productivity) - 멘토링 활동에서 조직의 생산성에 기여하고 있는가?
- 장래성(Futurity) - 개인의 장래성(Futurity) 점수 올리는 데 대안을 세운다.


* 미팅 활동 목표점수테스트 결과 집계표
- 집계요령: 12개월을 기준으로 계간으로 테스트 결과 점수를 집계한다.
- 집계분석: 목표소재별 20점 만점에 현재 득점과 나머지 목표점수를 의논한다.
- 상승률표: 각 9개 소재별 상승률과 9개 전체 합계 상승율을 개인

과 전체참여자합계를 작성한다.

- 자료활용: 멘토링 활동 평가에서 계간 평가와 결과 평가 자료로
활용한다.

- 분임토의: 집계표 자료를 미팅 시마다 [Brain Game]으로 상향대
책 마련한다.

인적사항 – 성명:        부서:        멘토 (        ) 멘제 (        )

[멘토의 전문성 주제별 내용]

| 번호 | 구분 | 목표 소재 | 1차 | 2차 | 3차 | 4차 | 비고 |
|---|---|---|---|---|---|---|---|
| 1 | 적합성 Compatibility | 자질테스트 | | | | | |
| 2 | | 역할테스트 | | | | | |
| 3 | | 자생력테스트 | | | | | |
| 4 | 생산성 Produtivity | 경영이해테스트 | | | | | |
| 5 | | 업무숙달테스트 | | | | | |
| 6 | | SWOT테스트 | | | | | |
| 7 | 장래성 Futurity | 가정영역테스트 | | | | | |
| 8 | | 직업영역테스트 | | | | | |
| 9 | | 경제영역테스트 | | | | | |
| 합계 | | | | | | | |

## 3-1 전문 멘토 적합성 예비진단

1) 멘토링 활동에서 적합성(Compatibility)인가?
- 소재 1: 자질테스트
- 소재 2: 역할테스트
- 소재 3: 자생력테스트

- 설문 만점: 1개당 [(매우좋다) 2.0-1.5-1.0-0.5-0.0 (매우좋지않다)]
- 참고점수: 설문내용을 이해할 수 없을 때는 1점으로 계산한다.
- 현재 득점: 설문 10개 합계점수
- 목표점수: 20점 만점 − 현재득점
- 목표관리: 목표점수 업그레이드는 미팅활동에서 다루고 계속 3개월 만에 재점검한다.
- 상호협조: 멘토와 멘제는 미팅할 때 상호 간 공개리에 목표점수를 관리하면서 돕는다.

소재 1: 자질테스트

| 번호 | 1. 자질(Self Quality)개발 소재 | 점수 |
|---|---|---|
| 1 | 나는 계속 배우려는 열망과 능력이 있다. | |
| 2 | 나는 사람들에게 영향력을 가지고 있다. | |
| 3 | 나는 전체적인 틀을 본다. | |
| 4 | 나는 책임을 질 줄 안다. | |
| 5 | 나는 다른 사람을 잘 이해한다. | |
| 6 | 나는 긍정적인 변화를 유도한다. | |
| 7 | 나는 교양 생활이 모범적이다. | |
| 8 | 나는 다음에 무슨 일을 해야 할지를 잘 파악한다. | |
| 9 | 나는 다른 사람을 인재 개발하는 능력이 있다. | |
| 10 | 나는 다른 사람들에게 지도자로 인정받고 있다. | |
| 소계 | | |

소재 2: 역할테스트

| 번호 | 역할 | 2. 역할(Role)개발 소재 | 점수 |
|---|---|---|---|
| 1 | 교육 | 나는 멘제에 대하여 가르치기를 아주 좋아한다. | |
| 2 | | 나에게는 멘제에게 가르칠 수 있는 핵심 역량이 있다. | |
| 3 | 상담 | 나는 멘제와 상담 시 내 의견을 제시하기보다는 먼저 경청을 잘한다. | |
| 4 | | 나는 평상시 멘제의 개인적인 건의에 관심을 갖고 해결에 노력한다. | |

| 5 | 코치 | 나는 멘제와 평소 업무를 떠나 어울리기를 좋아한다. | |
|---|---|---|---|
| 6 | | 나는 휴일이나 업무시간 외에 야외나 외식 등 친교 활동을 한다. | |
| 7 | 후원 | 나는 멘제에게 칭찬70%/책망 30% 비율을 제대로 지킨다. | |
| 8 | | 나는 멘제를 우리 조직이나 기타 조직에 추천한 적이 있다. | |
| 9 | 조정 | 나는 멘제로부터 문제 해결 요청을 받을 때 최단 시간에 해결한다. | |
| 10 | | 나는 멘제의 업무, 보직, 부서배치 등에서 조정 요청에 해결해 준다. | |
| 소계 | | | |

소재 3: 자생력 테스트

| 번호 | 구분 | 3. 자생력(Selfscored)개발 소재 | 점수 |
|---|---|---|---|
| 1 | 소명의식 | 멘제와 직장 체험 나누고 궁금해하는 점을 설명해 준 적이 있다. | |
| 2 | | 내가 속해 있는 회사에 만족하며 다른 이에게도 권할 의향이 있다. | |
| 3 | | 조직의 구성원이 된 것에 감사하고 있으며, 멘토가 된 것도 나에게 주어진 사명이라고 생각한다. | |
| 4 | 사명의식 | 자신의 가족을 멘제에게 소개하고 식사를 함께한 적이 있다. | |
| 5 | | 멘제의 애경사에 관심을 갖고 참석한다. | |
| 6 | | 멘제에게 힘겨운 일이 생겼을 때, 나는 그가 찾아올 수 있는 평안한 사람이라고 생각한다. | |
| 7 | | 멘제가 관심을 보이는 자선단체나 봉사활동에 대해 조언을 해줄 수 있을 정도의 지식을 갖고 있다. | |
| 8 | 창의의식 | 멘제가 최근에 했던 고민을 알고 있다. | |
| 9 | | 멘제에게 학회 출판 자료나 전문서적 구입을 권한다. | |
| 10 | | 가끔 조직 밖으로 나가서 그들과 함께 유익한 문화생활을 한다. | |
| 소계 | | | |

## 3-2 전문멘토 생산성 예비진단

2) 멘토링 활동에서 생산성(Productivity)이 향상되었나?

- 소재 4: 운영이해테스트
- 소재 5: 업무숙달테스트
- 소재 6: SWOT테스트

S trength – 강점, 차별화

W eaken – 약점

O pportunity – 기회

T hreaten – 위기

· 설문 만점: 1개당 [(매우좋다) 2.0-1.5-1.0-0.5-0.0 (매우좋지않다)]
· SWOT: 10가지 사항을 채우는 것으로 한다.
· 참고점수: 설문내용을 이해할 수 없을 때는 1점으로 계산한다.
· 현재 득점: 설문 10개 합계점수
· 목표점수: 20점 만점 – 현재득점

소재 4: 경영이해테스트

| 번호 | 4. 경영이해 소재 | 점수 |
|------|------------------|------|
| 1 | 우리 회사 매출총액은? | |
| 2 | 세전 순이익은? | |
| 3 | 자산 총액은? | |
| 4 | 1주당 액면가격/시장가격은? | |
| 5 | 우리 회사 총인원은? | |
| 6 | 우리 회사 창립에 관한 스토리는? | |
| 7 | 우리 회사 인기 제품은? | |
| 8 | 우리 회사가 가장 어려운 때와 그때 사건은? | |
| 9 | 우리 회사가 제일 좋은 때와 그때 사건은? | |
| 10 | 우리 회사의 최근 새로운 경영 전략은? | |
| | 소계 | |

## 소재 5: 업무숙달테스트

| 번호 | 5. 업무숙달 소재 | 점수 |
|---|---|---|
| 1 | 우리 부서원의 이름과 얼굴을 알고 있다. | |
| 2 | 우리 조직의 업무 흐름도를 알 수 있다. | |
| 3 | 우리 조직의 핵심 업무를 알고 있다. | |
| 4 | 나의 담당 업무에 관한 법령과 규정을 잘 알고 있다. | |
| 5 | 금번 멘토링에서 얼마나 업무숙달 기간이 이뤄졌는가? | |
| 6 | 부서 분임조에서 나의 의견 제시 빈도는? | |
| 7 | 나의 업무 발전을 위하여 전문도서나 세미나 참여도는? | |
| 8 | 나의 담당 업무 능력이 얼마나 향상되고 있는가? | |
| 9 | 업무에 관련된 전산시스템을 제대로 활용하고 있다. | |
| 10 | 멘제에게 업무나 기술에 관하여 이전(Sharing) 정도는? | |
| | 소계 | |

## 소재 6: SWOT테스트

| 번호 | 구분 | 6. SWOT분석 소재 | 점수 |
|---|---|---|---|
| 1 | S 강점 | | |
| 2 | | | |
| 3 | | | |
| 4 | | | |
| 5 | W 약점 | | |
| 6 | | | |
| 7 | O 기회 | | |
| 8 | | | |
| 9 | T 위기 | | |
| 10 | | | |
| | | 소계 | |

# Part 4

# 행복 Plus 직장 멘토양성 실무기술

멘토링을 제도적으로 조직개발(Organization Development)에 도입함에 있어 특별히 신입직원, 경력직원, 관리직원, CEO 임원 등 직급별로 눈높이에 맞는 멘토를 양성하여 인간관계 촉진, 업무의 효율성, 그리고 인재 리더개발을 활성화하고자 하는 프로그램이다.

1. 인간 관계 개발
2. 업무 효율 개발
3. 인재 리더 개발

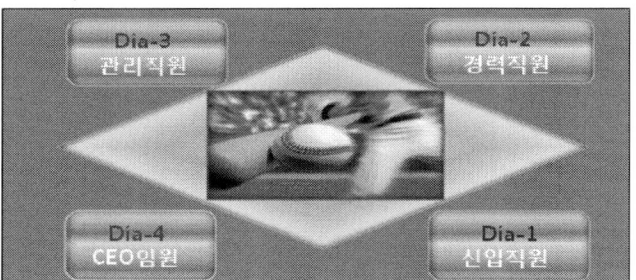

# 신입직원 눈높이 멘토 양성 기술

새로운 조직에 진입하는 신입직원에게는 먼저 인간관계 촉진, 직장에 정착, 그리고 업무이해 등 단계별로 진행하는 멘토가 필요한 것이다.

특히 신입직원의 특성과 눈높이에 맞춰 멘토를 양성하고 멘토링 활동 기간에 멘토와 멘제가 둘이서 하나되어 신뢰와 존경으로 한마음을 갖고 행복을 만든다.

멘토는 인간성 중심으로 개인에게 만족감을 주고 상사는 생산성 중심으로 조직에 효율성을 높여 상호 간 멘토링 협력경영을 이룬다.

1. 교육훈련 멘토양성 과정
2. 실무 Skill-1 성격개발(Lynchpin) 기술
3. 실무 Skill-2 Dia 관계개발 기술

# 1. 교육훈련 멘토양성 과정

## 1-1 신입직원 눈높이 멘토의 역할

### 1) 멘토 대상자
- 일반 직원 중에서 3~5년차로 리더십과 전문지식이 뛰어난 자

### 2) 멘토의 역할
멘토는 신입직원 멘제를 위하여 먼저 개인의 형식적 인격과 암묵적 인격으로 인성 지원 활동을 우선하고, 겸하여 인간성을 바탕으로 멘제 개인의 만족감과 인간관계 개발, 조기정착율 향상, 업무조기이해 등의 업무 효율성에도 크게 기여할 수 있도록 자신의 역량을 최대한 발휘한다.

### 3) 멘토의 교육 및 체험학습
멘토는 멘토링 활동 개시 전에 멘토링에 관한 전문교육을 수강하고 멘토링 활동에서는 자율성을 최대한 발휘하여 먼저 자부심을 갖고 보람의식, 책임의식, 목표의식으로 성공율을 높이는 데 기여해야 한다.

(1) 멘토/멘제 Workshop교육 과정
(2) 12개월 현장 체험 학습 과정
(3) 활동 평가 방법 이해과정

### 4) 멘토의 차별화
- 상사: 업무적인 지시(Indicating)=생산성 효과를 챙긴다.

- 멘토: 인간적인 지원(Supporting)=인간성 효과를 챙긴다.

　　-CEO: 질과 량의 균형 유기적 조직공동체로 경쟁력 강화를 챙긴다.

## 1-2 신입직원과 함께하는 Workshop 과정

　　멘토링 활동 개시 전에 멘토/멘제 간에 먼저 상견례 차원에서 Workshop 교육과정을 개강하고 먼저 상호 간 인사 및 상견례, 멘토링 기본 이해, 멘토의 역할, 소통기술, 미팅기술 그리고 상황을 참작하여 결연식 등도 진행한다.

　　- 선택 1: 멘토/멘제 1일 합동교육 후 다음날 멘토만 특성 교육진행

　　- 선택 2: 멘토/멘제 처음부터 끝까지 합동교육으로 진행

　　- 선택 3: 멘토/멘제 별도 일정으로 교육 진행

| Module | Hour | Contents | Style | Speaker |
|---|---|---|---|---|
| 인간성 개발 Game | 1 | 성격개발 게임 | 예비진단 20분 대응토론 30분 | 멘토링코리아 강사팀 |
| | 1 | 감성개발 게임 | | |
| | 1 | 인성개발 게임 | | |
| 조기정착 향상 Strategy | 2 | 관계개발 | 업무능력-3가지 분임토의 Diamond Relation Skill 소개 | |
| | | 업무이해개발 | | |
| | | 조기정착 | | |
| 리더십 개발 Skill | 1 | 멘토자질 Skill | 예비진단 20분 대응토론 30분 | |
| | 1 | 멘토역할 Skill | | |
| | 1 | 미팅활동 Skill | | |

[교육효과]

1) 멘토링 원리와 현장 프로그램에 대한 올바른 이해를 가진다.

2) 멘토/멘제 상호 간 관계 촉진 커뮤니케이션이 원활해진다.

3) 멘토/멘제가 미팅 시 소재개발에 아이디어를 갖게 된다.

4) 멘토십이 개발되어 멘제를 양육하는 데 노하우를 갖게 된다.

5) 멘토는 리더십이 개발되어 조직의 핵심인재로 인정받게 된다.

## 1-3 신입직원과 함께 멘토링 목적/목표 추진

1) 추진목적: 신입직원 조기정착 멘토링

멘토링 목적으로 신입 조기정착은 먼저 분명한 목표를 설정하고 다음으로 1:1로 상급자 멘토와 신입직원과 존경과 신뢰관계를 유지하면서 단기간 내 고효율 저비용의 효과를 얻고자 하는 새로운 기법이다.

(1) 멘토링 활동 3가지 목표설정

－목표 1: 관계 활성화

신입 멘제들이 겪는 심리적, 사회적, 정서적 문제에 대한 멘토의 조언과 함께 고민을 풀 수 있는 자리를 마련해준다.

－목표 2: 정착율 향상

멘토와 신입 멘제를 연결, 교류기회를 확대하여 동료의식을 고취하고 신속한 적응을 유도하여 직장 정착율을 향상한다.

－목표 3: 업무조기이해

멘토와 신입멘제를 연결하여 직장생활에서 다양한 정보와 지식을 제공함으로써 성장 잠재력을 개발하고 자기계발의 기회 제공하여 업무 능력향상에 기여한다.

(2) 활동기간: 12개월
(3) 활동시종: 2012.07.01～2013.06.30
(4) 멘제그룹: 후배직원 20명(1년 이내 신입직원 대상)
(5) 멘토그룹: 선배직원 20명(3～5년차 기존직원 대상)

## 1-4 신입직원 멘토링 목표제

기업을 비롯한 각 직장에서 멘토링 활동은 인간성 바탕 위에 생산성 확보를 목적으로 한다. 금번 다이아몬드 인재개발 프로그램을 실행함으로써 아울러 멘토링 활동 효율성 목표제를 자동으로 실시하게 된다. 먼저 신입직원 멘토링에 관하여 아래 내용으로 3가지 주제에 목표(3-Objects)를 소개하면서 이 효율성 목표제는 반드시 멘토링 활동을 주관하는 멘토의 전문교육으로 멘토링에 관한 자부심을 발휘하여 보람의식, 책임의식, 목표의식으로 성공율을 높이게 되는 것이다.

[신입직원 효율성 목표 모델]
－목표 1－－－직장 조기정착: 기존대비 50% 향상(이직율 50% 감소 목표)
－목표 2－－－업무 조기숙달: 기존대비 20% 향상(월간 계산 20%

조기달성 목표)

-목표 3 - - - -인간 관계촉진: 기존대비 정량 - - - -양 - 관계 인원의 수 - 30% 확대

기존대비 정성 - - - - 질 - 관계 내용의 폭 - 30% 확대

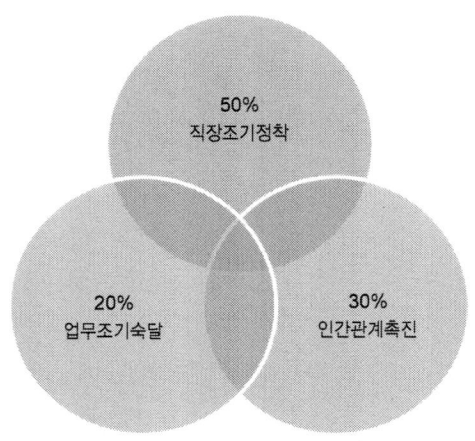

## 1-5 신입직원과 함께하는 친목활동 소개

멘토링 친목활동은 멘토/멘제가 일상생활 안에서 쉽게 할 수 있는 활동들로 구성되어 있다. 멘제가 좋아하는 작은 것으로부터 멘제의 가정, 직장, 사회 전반에 영향을 미치는 것들에 대해 정서적인 면과 실제적인 도움을 줄 수 있는 친목 활동들로 구성되어 있다.

| 소제목 | 세부 내용 |
|---|---|
| 친밀감 형성 | 그동안 생활 나누기, 생일 챙겨주기, 마니또, 쪽지보내기 문자 보내기, 메일 보내기, 게임, 차 마시기, 멘제가 좋아 하는 음식으로 식사하기, 멘토/멘제집 방문하기, 그림으로 자기 표현하기(잡지책, 신문, 전지, 색종이, 풀 등 활용) |
| 진로 지도 | 인터넷 정보검색, 도서관, 서점, 전공확실하기, 나의 인생 설계 |
| 자율 학습지도 | 전문 도서구입, 자율학습 방법 지도 등 |
| 문화체험 | 박물관, 민속놀이 체험, 놀이공원, 일일여행, 눈썰매타기, 온천욕, 감따기, 송편 짓기, 노래배우기, 보드게임 |
| 스포츠 체험 | 스포츠댄스, 에어로빅, 요가, 등산 |
| 건강 지원 | 건강진단 |
| 고민 나누기 | 힘든 부문 이야기, 현재 도움받고자 하는 내용 나누기 |
| 격려자 도와주기 | 자립할 수 있도록 정서적 지지 및 격려 |
| 관계형성 | 멘제 가족과 관계형성 위한 가정방문 |

## 1-6 신입직원과 함께 활동목표 평가실무

신입직원 멘토링 활동 분야에서 가장 핵심적으로 다루어야 할 목표로 1) 정착율 향상, 2) 관계활성화, 3) 담당업무 조기숙달로 설정하고 활동기간에 멘토와 멘제가 수시로 대응할 수 있는 아래 설문항목당 5점 만점(5-4-3-2-1)으로 평가한다.

| Subjects | Contents | Test Tool | Test |
|---|---|---|---|
| 1. 정착율 향상 | 1. Bluebird 대응 | 1. 멘제가 새로운 직장을 탐색하고 있는가? | |
| | | 2. 입사 전에 직무에 대해 얼마나 알고 있는가? | |
| | 2. Selfholic 대응 | 3. 역량에 비해 낮은 일로 갈등하고 있는가? | |
| | | 4. 입사 초기 성장 경로를 알려주었는가? | |
| | 3. Perterpan 대응 | 5. 구세대 문화와 극한 세대 차이를 느끼는가? | |
| | | 6. 한마음으로 끊임없이 소통을 잘하고 있는가? | |

| | 1. 성격개발<br>Lynchpin | 1. 나의 성격의 강점과 약점을 파악한다. | |
| :-- | :-- | :-- | :-- |
| **2. 관계<br>활성화** | | 2. 상호간 피해야 할 대응과 바람직한 대응한다. | |
| | 2. 감성개발<br>EQ | 3. 나의 EQ 점수 숙지 여부를 확인한다. | |
| | | 4. EQ 개방 방법-10 숙지 여부 확인한다. | |
| | 3. 인성개발<br>Star | 5. 나의 멘토링 활동 목표 점수 확인 여부 | |
| | | 6. 나의 활동 목표 실천카드 작성법 숙지 여부 | |
| **3. 업무<br>조기<br>숙달** | 1. 일반업무 | 1. 조직의 경영 개요에 관한 자료소지 여부 | |
| | | 2. 조직의 장점과 단점, 개선안 3가지 작성 여부 | |
| | 2. 고유업무 | 3. 고유업무 리스트 작성 실적 여부 | |
| | | 4. 고유업무 조기 숙달 실적 여부 | |
| | 3. 지식경영 | 5. 암묵지에 관한 개발 실적 여부 | |
| | | 6. 형식지에 관한 공유 실적 여부 | |

[결과의견서]
1) 정착에 마음을 두고 있다( )
2) 정착에 고려 중이다( )
3) 정착에 어려움이 있다( )

# 2. 실무 Skill-1 Dia 관계개발 기술

## 2-1 관계개발 4단계 발전 모형도

인류역사(아담/하와) 이래로 1:1 멘토링 인간관계(Relation)는 인간의 본능적인 관계 지향으로 오늘날 가정에서 1:1 부부 Cell이 기초가 되어 가정, 직장, 국가, 지구촌이라는 거대한 관계형성 조직이 태동되었다.

특히 신입직원 멘토링의 이론적 근거는 네빈슨 교수(Levinson, 예일대 평생교육학자)의 저서 『남자의 계절』에서 "청년 초기, 즉 제도권교육을 벗어나서 사회 직장 진입 시점에서 멘토가 없는 사람은 부모가 없는 고아와 같다"는 데서 기인한다.

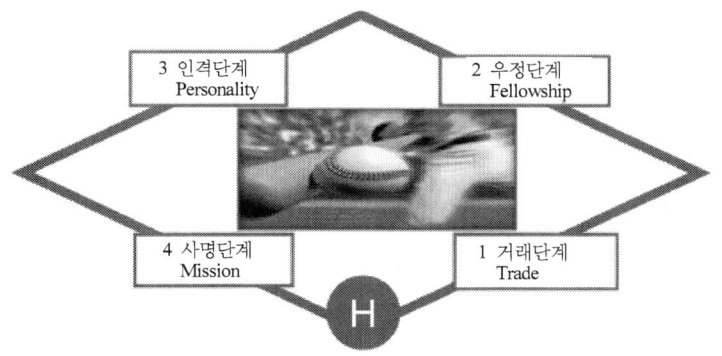

[관계(Relation)개발 다이아몬드 모형도]

(1) 단계: 신입인재 개발 단계는 Diamond 인재개발의 첫 번째 단계 (Step1)이다.

(2) 적용: 조직에 새로 입사한 신입직원에 적용하는 프로그램이다.

(3) 내용: 한마음 인간성 M-DRD-4S프로그램으로 4단계 관계개발 을 초점으로 한다.

(4) 기간: 멘토링 활동기간을 12개월로 설정했다.

(5) 사례: LG CNS, 삼성테크윈, 삼양사

1) 멘토링 관계의 정의

멘토링에서 관계(關係, Relation)는 인격을 기본으로 인간 간 수평적 인(Person to Person) 관계를 의미한다.

* 여기에서 관계는 외형적이거나 계급 등 신분적이 아니라 평등한 인격적인 관계다.

* 하나님과 인간 관계

* 부모와 자녀 관계

* 부부 관계 등은 멘토링보다 더 깊고 높은 관계(High Quality)이며
수직적인, 또한 부부일체적인 면에서 멘토링과 비교할 수 없다.

## 2) 멘토링 관계의 보완

인간 관계 형성은 인간의 본능이다. 그래서 역사 이래로 멘토링은
지속되어 왔고 오늘날도, 그리고 미래에도 인류가 존속하는 한 멘토링
관계는 지속될 것이다. 전통적인 멘토링에서는 프로그램 없이 위대한
멘토의 리드(Lead)에 의하여 멘토링 성공 사례는 수도 없이 많다.

그러나 오늘날 조직에 멘토링 관계는 위대한 멘토를 찾기에 그리
쉽지 않기 때문에 인위적, 계획적으로 멘토/멘제를 선정하여 모니터
링시스템(Monitoring System)에 의하여 진행하고 있는데 이를 제도적
멘토링(Systematic Mentoring)이라고 부른다.

## 3) 멘토링 관계의 올바른 연결

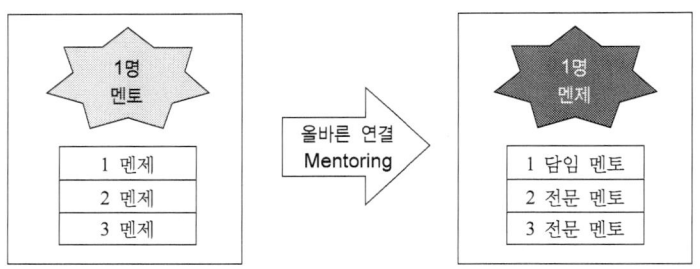

## 2-2 관계개발 4단계 발전과정

멘토링에서 관계는 멘토와 멘제 둘이서 신뢰와 존경으로 한마음이

되어 오늘의 행복과 내일의 희망을 만들어가는 관계다.

이러한 관계개발을 통해 한 조직의 힘을 극대화할 수 있으며, 어떤 어려움 가운데에서도 이를 이겨낼 수 있는 힘을 끌어낼 수 있는 것이 멘토링 관계다.

멘토링의 관계개발은 자신의 잠재 역량을 최대한 발휘하여 주어진 업무들을 바르게 잘 처리하고 타인을 위해 봉사하고, 사회를 더욱 아름답게 하는 데 기여하게 된다.

멘토링 관계의 영역은 먼저 가정에서 부모, 부부, 자녀와의 관계이고 직장에서 상사, 동료, 부하직원과의 관계이고, 그리고 사회에서 타인과 관계를 강화해 나가는 것이다.

신입직원의 멘토링 관계는 우선 직장에서 조기정착을 목적으로 하기 때문에 아래 4단계의 발전단계 프로그램을 활용할 수 있도록 소개한다.

| 거래관계 | 직장에 처음 입사하여 근로계약서에 의한 오로지 법적인 거래(Trade)관계가 이루어진다.<br>Step 1 멘토링 탐색단계<br>Skill 1 성격개발 촉진 Lynchpin Game |
| --- | --- |
| 우정관계 | 세월이 지나면서 상하관계, 동료관계, 등으로 관계가 확대 되면서 우정(Fellowship)관계가 이루어진다.<br>Step 2 멘토링 기초단계<br>Skill 2 소통개발 촉진 Pygmalion Game |
| 인격관계 | 인간적으로 업무적으로 존경하는 상사와 고객관계에서 상호간 신뢰와 존경심으로 인격(Personality)적인 관계가 이루어진다.<br>Step 3 멘토링 심화단계<br>Skill 3 인격개발 촉진 Star Game |
| 사명관계<br>성공 | 특정한 사항에 관하여 예를 들자면 종교, 이념, 사상, 핵심업무 등에서 생사를 같이하는 사명(Mission)관계가 이루어진다.<br>Step 4 멘토링 초월단계<br>Skill 4 사명개발 촉진 Self SWOT Game |

[관계개발 4단계 발전도표]

신입직원 인간관계
Person Relation

거래관계 · 우정관계 · 인격관계 · 사명관계

0% ◁ 관계 Quality ▷ 100%

| 구분 | 거래관계 | 우정관계 | 인격관계 | 사명관계 |
|------|----------|----------|----------|----------|
| 특징 | 1. 법적<br>2. 업무<br>3. 물적<br>4. 직업<br>5. 계급 | 친구<br>선후배<br>학회<br>동창회<br>연인 | 사제<br>도제<br>이웃 돕기<br>가문<br>멘토링 | 부모/부부/자녀<br>신앙 · 예수님<br>순국 / 순교<br>사상 / 이념<br>독립운동 / 노조 |
| 이탈 | 이익 없으면<br>이탈 | 주변 불리한<br>환경 | 존중해제,<br>죽음 | 사상전향<br>배교행위 |
| 형상 | 독립형 | 의지형 | 협력형 | 일체 – 한마음 |
| CEO | | | | |
| 상사 | | | | |
| 팀 원간 | | | | |
| 부 부간 | | | | |

\* 나는 1:1관계에서 어느 단계에 속해 있는가?

# 3. 실무 Skill-2 성격개발(Lynchpin) 기술

## 3-1 멘토링 관계의 의미

### 1) 멘토링 관계의 정의

멘토링에서 관계(關係, Relation)는 인격을 기본으로 인간 간 수평적인(Person to Person) 관계를 의미한다.

* 여기에서 관계는 외형적이거나 계급 등 신분적이 아니라 평등한 인격적인 관계다.
* 하나님과 인간 관계·부모와 자녀 관계·부부 관계 등은 멘토링 보다 더 깊고 높은 관계(High Quality)이며 수직적인, 또한 부부일 체적인 면에서 멘토링과 비교할 수 없다.

## 2) 멘토링 관계의 보완

인간 관계 형성은 인간의 본능이다. 그래서 역사 이래로 멘토링은 지속되어 왔고 오늘날도, 그리고 미래에도 인류가 존속하는 한 멘토링 관계는 지속될 것이다. 전통적인 멘토링에서는 프로그램 없이 위대한 멘토의 리드(Lead)에 의하여 멘토링 성공 사례는 수도 없이 많다.

그러나 오늘날 조직에 멘토링 관계는 위대한 멘토를 찾기에 그리 쉽지 않기 때문에 인위적, 계획적으로 멘토/멘제를 선정하여 모니터 링시스템(Monitoring System)에 의하여 진행하고 있는데 이를 제도적 멘토링(Systematic Mentoring)이라고 부른다.

## 3) 올바른 관계 형태

멘토링 관계의 상호 간은 멘토와 멘제다. 많은 사람이 멘토링을 1:1 이 전부인양 생각하나 그것은 선입견이다. 멘토링의 가장 올바른 관계형태는 멘제 1에 멘토가 다수(전문별로 멘토 1, 멘토 2, 멘토 3)로 도움을 주는 형태다. 바로 왕자 한 사람을 왕의 왕사(王師) 여러 사람이 도움을 주는 형태가 멘토링 관계에서 가장 올바른 형태이기 때문이다.

- 관계형태 1 - 멘제 1 - 멘토 다수 - - - - 고품질의 멘토링(High Quality)
- 관계형태 2 - 멘제 1 - 멘토 1 - - - - - - - - 일반적인 멘토링
- 관계형태 3 - 멘제 다수 - - - 멘토1 - - - 저품질의 멘토링(Low Quality

* 형태 3의 경우는 멘토링이기보다는 코칭이나 팀장제도에 가까운 형태다.

## 3-2 Lynchpin Game 개요

### 1) Lynchpin(린치핀) Game 목적
(1) 먼저 자기의 성격유형을 찾아 강점과 약점을 알고
(2) 그 후 멘토와 멘제의 연결 도구로 사용하고
(3) 상대방에게 바람직한 대응과 피해야 할 대응으로 좋은 관계를 유지하기 위함

### 2) Lynchpin Game의 명칭 어원
(1) Lynch(연결) Pin(핀)은 「연결핀」이라는 뜻으로 트랙터가 트레일러를 끌때 반드시 둘 사이에 연결 핀을 꽂아야 제대로 끌 수 있다는 데서 기인(美 Bobb Biehl)한 것으로 멘토링에서 멘토가 멘제와 연결하는 도구(Tool)로 활용하고 있습니다.
(2) 린치핀 게임에서 활용하고 있는 성격 찾기 설문은 페르조나(Persona) 방식임

3) Lynchpin Game의 성격유형

(1) 설문내용 - - - 강점 40개 항목 약점 28개 항목 등 68개 항목임

(2) 성격유형 - - - 주도형(Dominating Style)

우호형(Facilitating Style)

관리형(Controling Style)

분석형(Analytical Style) 등 4가지 유형임


4) 멘토와 멘제의 연결방법

(1) 가장 적합한 동일성격 - - -동일성격끼리 연결 방법

(2) 무난한 보조성격 - - -동일성격이 모자랄 경우 보조성격끼리 연결

(3) 피해야 할 대조성격 - - -가능한 대조 성격끼리는 연결을 피해야 한다.


5) Lynchpin Game의 핵심사항

린치핀 게임에서 제일 중요한 핵심사항은 멘토와 멘제 상호 간에 성격을 파악한 후에 바람직한 대응과 피해야 할 대응을 제대로 이해하고 멘토링 기간에 시행해야 한다. 그렇게만 한다면 상호 좋은 관계를 유지할 수 있을 것이다.

(1) 바람직한 대응 - 이런 내용을 접하게 되면 더욱 좋은 분위기에서 실적이 향상된다.

(2) 피해야 할 대응 - 이런 내용을 접하면 스트레스를 받고 좋은 실적을 낼 수 없다.

## 3-3 Lynchpin Game 진단도구

1) 이 설문 항목은 4가지 성격유형에서 강점 10개와 약점 7개를 선별할 수 있다.

2) 가능한 4개 한 묶음에서 나에게 가장 거부감이 적은 1개씩을 선택하라.

3) 그러므로 전체 68항목 중에 17개만 번호에 O표 하면 된다.

| No | 설 문 항 목 | No | 설 문 항 목 |
|---|---|---|---|
| 1 | 행동이 적극적이다 | 37 | 개방적, 쾌락적인 일을 좋아한다 |
| 2 | 협력적이다 | 38 | 상대방의 기분을 이해한다 |
| 3 | 효율적이다, 능률적이다 | 39 | 스스로 움직인다 |
| 4 | 근면하다 | 40 | 분석력이 뛰어나다 |
| 5 | 매사에 열중한다 | 41 | 본제에서 벗어난다 |
| 6 | 가까이하기 쉽고, 친하기 쉽다 | 42 | 결단이 느리다 |
| 7 | 열심히 일한다 | 43 | 남에 대한 배려가 부족하다 |
| 8 | 매사를 면밀히 추진한다 | 44 | 유연성이 결여되어 있다 |
| 9 | 활기가 넘친다 | 45 | 시간관념이 희박하다 |
| 10 | 사교술이 능숙하다 | 46 | 자기주장이 적다 |
| 11 | 행동이 민첩 신속하다 | 47 | 억지를 부린다 |
| 12 | 논리적, 체계적이다 | 48 | 결단을 내리는 데 시간이 걸린다 |
| 13 | 대인관계에 능숙하다 | 49 | 감정에 좌우된다 |
| 14 | 코치나 상담에 능숙하다 | 50 | 일에 대한 관심이 희박하다 |
| 15 | 책임감이 강하다 | 51 | 말투가 억세다 |
| 16 | 질을 중시한다 | 52 | 박력이 부족하다 |
| 17 | 상대방을 몰두하게 한다 | 53 | 기분이 변하기 쉽다(싫증나기 쉽다) |
| 18 | 온화하다 | 54 | 남의 일에 너무 신경을 쓴다 |
| 19 | 늘 성과(결과)를 중시한다 | 55 | 지나치게 자기중심적이다 |
| 20 | 문제발견에 흥미를 느낀다 | 56 | 혼자 일을 한다 |
| 21 | 영감(inspiration)을 중요시한다 | 57 | 정리, 정돈이 서툴다 |
| 22 | 개인적인 정보에 강하다 | 58 | 비약이나 모험을 노리지 않는다 |
| 23 | 도중에 포기하지 않는다 | 59 | 안색, 목소리, 표정이 빈약하다 |
| 24 | 사실을 중시한다 | 60 | 표정이 없는 편이다 |

| | | | |
|---|---|---|---|
| 25 | 비약에 목표를 둔다(大志) | 61 | 차근차근 책읽기를 싫어한다 |
| 26 | 소집단 활동을 즐긴다 | 62 | 신속하지 못하다 |
| 27 | 시간에 정확하다 | 63 | 무리한 목표라도 도전한다 |
| 28 | 지식, 정보를 수집한다 | 64 | 보수적(비약하려 하지 않는다)이다 |
| 29 | 민감하게 반응한다 | 65 | 논리적으로 생각하기를 싫어한다 |
| 30 | 긴장을 풀어준다 | 66 | 주저하기 쉽다 |
| 31 | 간결하고 낭비가 적다 | 67 | 냉담하다 |
| 32 | 일을 제대로 처리한다 | 68 | 사교성이 결여되어 있다 |
| 33 | 미래지향적이다 | | |
| 34 | 분위기 조성을 잘한다 | | |
| 35 | 열정적이다 | | |
| 36 | 자기관리를 할 수 있다 | | |

## 3-4 Lynchpin Game 유형분석표

| D ominating Style (주도형) | F acilitating Style (우호형) |
|---|---|
| 1, 5, 9, 13, 17, 21, 25, 29, 33, 37, 41, 45, 49, 53, 57, 61, 65 | 2, 6, 10, 14, 18, 22, 26, 30, 34,38, 42, 46, 50, 54, 58, 62, 66 |
| C ontroling Style (관리형) | A nalytical Style (분석형) |
| 3, 7, 11, 15, 19, 23, 27, 31, 35, 39, 43, 47, 51, 55, 59, 63, 67 | 4, 8, 12, 16, 20, 24, 28, 32, 36,40, 44, 48, 52, 56, 60, 64, 68 |

## 3-5 성격 유형 4가지 대응법

| 유형 | 바람직한 대응(엔도르핀 유발) | 피해야 할 대응(스트레스 유발) |
|---|---|---|
| D | 1. 흉금을 터놓기 농담으로부터 시작한다. <br> 2. 정력적으로 신속하게 큰 소리로 얘기한다. <br> 3. 커다란 관점에서 이야기를 전개한다. <br> 4. 목표달성 과정의 즐거움을 시사한다. <br> 5. 상대방 꿈이나 아이디어에 관심 표명한다. | 1. 소극적이며 인정 없는 태도를 취하지 않는다. <br> 2. 자질구레한 이야기는 피한다. <br> 3. 원리, 원칙이나 규칙을 고집하지 않는다. <br> 4. 상대방의 비판하거나 설득하지 않는다. <br> 5. 좋고 나쁨, 사실, 숫자 등을 고집하지 않는다. |

| | | |
|---|---|---|
| F | 1. 흉금을 터놓은 분위기로 이야기한다.<br>2. 1:1로 개인적인 관심을 가진다.<br>3. 상대방 협력에 대해서 감사표시한다.<br>4. 온화한 부드러운 말씨로 이야기한다.<br>5. 상대방의 생각을 적극 받아들인다. | 1. 일에 관한 이야기를 곧바로 하지 않는다.<br>2. 냉담, 무관심한 태도를 나타내지 않는다.<br>3. 논리나 책략으로 반론을 피지 않는다.<br>4. 지배적, 군림, 과도한 요구는 하지 않는다.<br>5. 곧바로 결론을 이끌어 내지 않는다. |
| C | 1. 일에 관한 이야기를 중심적으로 한다.<br>2. 간결하고 알기 쉽게 이야기한다.<br>3. 시간을 정확히 지킨다.<br>4. 정력적으로 신속하게 이야기한다.<br>5. 목표와 결과를 늘 분명히 한다. | 1. 두서없이 지루하게 시간낭비 않는다.<br>2. 개인적인 문제나 생각을 내놓지 않는다.<br>3. 지시, 명령, 충고하는 말투를 쓰지 않는다.<br>4. 결론을 먼저 내지 않는다.<br>5. 잡담이나 세상사는 말을 하지 않는다. |
| A | 1. 일에 관한 이야기로부터 들어간다.<br>2. 신중하게 천천히 진행된다.<br>3. 데이터, 자료 등 사전준비 대응한다.<br>4. 상대에 생각할 수 있는 시간을 준다.<br>5. 결론은 서면으로 남겨둔다. | 1. 상대방이 혼란될 만한 이야기는 피한다.<br>2. 너무 과장된 이야기는 하지 않는다.<br>3. 추켜세우거나 너무 친숙하게 얘기하지 않는다.<br>4. 책략이나 교묘한 수단을 쓰지 않는다.<br>5. 결단(의사결정)을 서둘지 않는다 |

## 3-6 Lynchpin Game 유형별 특성

### 1) 주도형의 특성

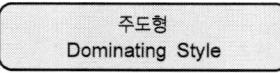

| D | F |
|---|---|
| C | A |

▷ 주도형(Dominate)인 사람은 매사에 적극적이며, 자신은 물론 남도 잘 부추긴다. 사교적으로 이야기하기를 즐기고, 늘 주변에 활발한 분위기를 조성해낸다.

▷ 주변사람들과 커뮤니케이션을 꾀하면서 일을 추진해 나가지만, 주도권을 잡는 데도 관심을 기울여, 창조적인 것을 찾아 위험을 무릅쓰고 문제해결에 도전한다.

▷ 전형적인 특징을 정리해 보면

① 외향적, ② 정열적, ③ 설득적, ④ 사교적, ⑤ 자발적이라 하겠다

※ 이 사람의 행동은 칭찬(Recognition) 욕구에 의거하고 있다.

| 강점 | 약점 |
|---|---|
| 1. 행동이 적극적이다. | 1. 본제에서 벗어난다. |
| 2. 매사에 열중한다. | 2. 시간관념이 약하다. |
| 3. 활기가 넘친다. | 3. 감정에 좌우된다. |
| 4. 대인관계에 능숙하다. | 4. 기분이 변하기 쉽다(싫증나기 쉽다). |
| 5. 상대방을 몰두하게 한다. | 5. 정리, 정돈이 서툴다. |
| 6. 영감(inspiration)을 중요시한다. | 6. 차근차근 책 읽기를 싫어한다. |
| 7. 비약에 목표를 둔다(大志). | 7. 매사를 논리적으로 생각하기를 싫어한다. |
| 8. 민감하게 반응한다. | |
| 9. 미래지향적이다. | |
| 10. 개방적, 쾌락적인 일을 좋아한다. | |

## 2) 우호형(Facilitating Style) 특성

| 우호형<br>Facilitating Style | | D | F |
|---|---|---|---|
| | | C | A |

▷ 우호형(Facilitating)인 사람은 무엇보다도 개인적인 연관을 중시한다. 옆에서 보면 차분한 가운데 부드럽고 성실하며 소극적이나, 따뜻하고 감정에 가까이 하기 쉬운 사람이라는 느낌이 든다.

▷ 팀웍을 중시하여 철저한 협력 아래 일을 추진해 가기를 좋아하지만, 모험을 별로 하려 들지 않는다. 무엇보다도 책임을 다 함께 지고 싶어한다.

▷ 인간관계를 쌓는 데에 관심이 있으며, 결단을 할 때에는 주위사
  람들로부터 지원을 요청한다.

▷ 전형적인 특징을 정리해 보면

① 지지적, ② 협력적, ③ 사교적, ④ 인내심이 강하다, ⑤ 충실하다
※ 이 사람의 행동은 용납(Acceptance)욕구에 의거하고 있다.

| 강점 | 약점 |
|------|------|
| 1. 협력적이다. | 1. 결단이 느리다. |
| 2. 가까이 하기 쉽고, 친하기 쉽다. | 2. 자기주장이 적다. |
| 3. 사교술이 능숙하다. | 3. 일에 대한 관심이 희박하다. |
| 4. 코치나 상담에 능숙하다. | 4. 남의 일에 너무 신경을 쓴다. |
| 5. 온화하다. | 5. 비약이나 모험을 노리지 않는다. |
| 6. 개인적인 정보에 강하다. | 6. 신속하지 못하다. |
| 7. 소집단 활동을 즐긴다. | 7. 주저하기 쉽다. |
| 8. 긴장을 풀어준다. | |
| 9. 분위기 조성을 잘한다. | |
| 10. 상대방의 기분을 이해한다. | |

## 3) 관리형(Controlling Style)의 특성

| D | F |
|---|---|
| **C** | A |

▷ 관리형(Controlling)인 사람은 일에 강한 관심을 지녀 솔선수범
  하고, 결과나 성과를 중시하는 데에 높은 가치를 경주한다. 행
  동은 신속하고, 기회를 교묘히 이용하여 남을 밀어 제치고서라
  도 자기의 의지를 관철시킨다. 혼자서 일을 하거나 남을 지도하

여 일을 하게 하기를 좋아한다. 경쟁심도 왕성하다.

▷ 대인관계는 담백한 편이고, 일 이외의 교제라든가, 세상 돌아가
는 이야기 등은 좋아하지 않는다.

▷ 전형적인 특징을 정리해 보면

① 자립적, ② 솔직, ③ 과단성, ④ 실리주의, ⑤ 능률 등을 들 수
있다.

※ 이 사람의 행동은 성취(Achievement)욕구에 의거하고 있다.

| 강점 | 장점 |
|---|---|
| 1. 효율적, 능률적이다. | 1. 남에 대한 배려가 부족하다. |
| 2. 열심히 일한다. | 2. 억지를 부린다. |
| 3. 행동이 민첩, 신속하다. | 3. 말투가 억세다. |
| 4. 책임감이 강하다. | 4. 지나치게 자기중심적이다. |
| 5. 늘 성과(결과)를 중시한다. | 5. 안색, 목소리, 표정이 빈약하다. |
| 6. 도중에 포기하지 않는다. | 6. 무리한 목표라도 도전한다. |
| 7. 시간에 정확하다. | 7. 냉담하다. |
| 8. 간결하고 낭비가 적다. | |
| 9. 열정적이다. | |
| 10. 스스로 움직인다. | |

## 4) 분석형(Analytical Style)의 특성

| 분석형<br>Analytical Style | | D | F |
|---|---|---|---|
| | | C | A |

▷ 분석형(Analytical)인 사람은 목표를 향해 착실히 추진해 나감을 높은 가치로 삼는다.

▷ 행동은 언제나 냉정, 침착하고 차분하며, 소극적인데다가 규칙적인 반면, 독립심은 강하다. 일에 있어서는 체계적이며 사실과 논리에 입각한 접근을 중시하고, 정보나 데이터를 수집, 분석하기를 좋아하며 모험은 최소한으로 하는 방법을 철저히 검토한다.

▷ 대인관계는 비즈니스맨답게 감정을 드러내지 않는다. 결단을 내릴 때는 확률이나 확증을 늘 염두에 두고 행한다.

▷ 전형적인 특징을 정리해 보면
① 논리적, ② 완벽주의, ③ 사실중시, ④ 신중함을 들 수 있다.
※ 이 사람의 행동은 안전(Security)욕구에 의거하고 있다.

| 강점 | 강점 |
|---|---|
| 1. 근면하다.<br>2. 매사를 면밀히 추진한다.<br>3. 논리적, 체계적이다.<br>4. 질을 중시한다.<br>5. 문제발견에 흥미를 느낀다.<br>6. 사실을 중시한다.<br>7. 지식, 정보를 수집한다.<br>8. 일을 제대로 처리한다.<br>9. 자기관리를 할 수 있다.<br>10. 분석력이 뛰어나다. | 1. 유연성이 결여되어 있다.<br>2. 결단을 내리는 데에 시간이 걸린다.<br>3. 박력이 부족하다.<br>4. 혼자 일을 한다.<br>5. 표정이 부족하다.<br>6. 보수적(비약하려 하지 않는다)이다.<br>7. 사교성이 결여되어 있다. |

# 제2장

## 경력직원 눈높이 멘토 양성 기술

조직현장에서 수습직인 신입사원을 거쳐 조직에 정착할 경우 멘토는 단순히 업무적인 지원을 떠나서, 조직에 대해 주인의식을 가지고 업무능력향상 및 경력개발을 단계별로 진행하는 데 멘토제도가 필요해진 것이다.

특히 경력직원의 특성과 눈높이에 맞춰 멘토를 양성하고 멘토링 활동 기간에 멘토와 멘제가 둘이서 하나되어 신뢰와 존경으로 한마음을 갖고 행복을 만든다.

멘토는 인간성 중심으로 개인에게 만족감을 주고 상사는 생산성 중심으로 조직에 효율성을 높여 상호 간 멘토링 협력경영을 이룬다.

1. 교육훈련 멘토양성 과정
2. 실무 Skill-1 소통개발(Communication) 기술
3. 실무 Skill-2 Dia 경력개발 기술

# 1. 교육훈련 멘토 양성과정

## 1-1 경력직원 눈높이 멘토의 역할

[일반인재 지원 멘토의 기본역할]

1) 멘토 대상자
 - 일반 직원 중에서 리더십과 전문지식이 뛰어난 자
 - 상위 직급 중에서 리더십과 전문지식이 뛰어난 자

2) 멘토의 역할

멘토는 일반직원 멘제를 위하여 먼저 개인의 형식적 인격과 암묵적 인격으로 인성지원 활동을 우선하고 겸하여 인간성을 바탕으로 멘제 개인의 만족감과 인간관계 개발, 업무능력향상, 경력개발 등의 업무 효율성에도 크게 기여할 수 있도록 자신의 역량을 최대한 발휘한다.

3) 멘토의 교육

멘토는 멘토링 활동 개시 전에 멘토링에 관한 전문교육을 수강하고 멘토링 활동에서는 자율성을 최대한 발휘하여 먼저 자부심을 갖고 보람의식, 책임의식, 목표의식으로 성공율을 높이는 데 기여해야 한다.
 - 멘토링 전문교육과정
 - 멘토/멘제 Workshop교육 과정
 - 멘토링 특강교육 과정

4) 멘토의 차별화

- 상사: 업무적인 지시(Indicating)=생산성 효과를 챙긴다.
- 멘토: 인간적인 지원(Supporting)=인간성 효과를 챙긴다.
- CEO: 질과 양의 균형 유기적 조직공동체로 경쟁력 강화를 챙긴다.

## 1-2 경력직원과 함께하는 Workshop 과정

| Module | Hour | Contents | Style | Speaker |
|---|---|---|---|---|
| 인간성 개발 Game | 1 | 성격개발 게임 | 예비진단 20분 대응토론 30분 | 멘토링코리아 강사팀 |
| | 1 | 감성개발 게임 | | |
| | | 인성개발 게임 | | |
| 업무능력 향상 Strategy | 1 | 업무능력개발 | 업무능력-3가지 분임토의 Diamond Career Skill소개 | |
| | 2 | 경력개발개발 | | |
| | 1 | 자율학습 방법 | | |
| 리더십 개발 Skill | 1 | 멘토자질 Skill | 예비진단 20분 대응토론 30분 | |
| | 1 | 멘토역할 Skill | | |
| | | 미팅활동 Skill | | |

[교육 효과]

1) 멘토링 원리와 현장 프로그램에 대한 올바른 이해를 가진다.

2) 멘토/멘제 상호 간 관계 촉진 커뮤니케이션이 원활해진다

3) 멘토/멘제가 미팅 시 소재개발에 아이디어를 갖게 된다.

4) 멘토십이 개발되어 멘제를 양육하는 데 노하우를 갖게 된다.

5) 멘토는 리더십이 개발되어 조직의 핵심인재로 인정받게 된다.

## 1-3 경력직원과 함께 멘토링 목적/목표 추진

■ 추진목적: 일반직원 업무능력향상 멘토링

멘토링 목적으로 업무능력 향상은 먼저 분명한 목표를 설정하고 다음으로 1:1로 상급자 멘토와 후배직원과 존경과 신뢰관계를 유지하면서 단기간 내 고효율 저비용의 효과를 얻고자하는 새로운 기법이다.

### 1) 업무능력 향상 3가지 목표 설정

목표 1: 업무능력 향상

멘토가 멘제의 업무능력향상을 돕고 개인의 성장을 도와 멘토 자신의 후계자를 키움으로써 자신도 조직 내에서 리더십을 인정받아 승진 기회가 높아지는 이익도 생길 수 있다. 또한 멘토를 역할모델로 보고 그에게서 직접적인 지원/조언을 받게 되는 멘제 역시 인간관계 촉진과 업무성과 달성으로 직장에서 경쟁력을 인정받을 수 있다.

목표 2: 경력개발 촉진

멘토들은 멘제로부터 새로운 관점과 아이디어를 얻어 자신의 개발에 활력이 될 수 있다. 특히 경영현장에서 1:1 도제방식으로 멘토링 관계가 이루어짐으로써 마케팅, 생산관리, 재무회계, 인사조직, 경영전략 등에서 전문지식과 기술연마로 경력개발에 앞장설 수 있게 된다.

목표 3: 자율학습 경영

멘토링 정기 및 수시 미팅에서 멘토는 자율활동으로 멘제에게 보다 집중된 학습을 제공하여 실생활에서 관리 및 리더십 테크닉을 익힐 수 있게 해준다. 특히 멘토그룹이나 멘제그룹별로 특성과 형편에 맞는 특강 수강, 전문주제 등을 집중 연구하고 토론의 장을 마련한다.

2) 활동기간: 12개월

3) 활동시종: 2012.07.01～2013.06.30

4) 멘제그룹: 후배직원 20명(수습 후 정규직원 대상)

5) 멘토그룹: 선배직원 20명(관리자급 기존직원 대상)

## 1-4 경력직원과 함께하는 친목활동 소개

멘토/멘제의 개인적인 주간 미팅으로 친교 및 업무 능력향상 활동을 촉진하는 프로그램으로 조직에서는 멘토링 Day로 정하여 활성화해주어야 한다.

활동명칭: 멘토/멘제 개인 주간 활동
활동참석: 멘토/멘제 개인 쌍별로 참석

| 활동주제 | 세부 내용 |
|---|---|
| 1. 개인 역량개발을 위한 활동 | - 도서관 탐방 서점 탐방 - 영화보고 동화읽기<br>- 멘토/멘제의 과거 생활에 대한 정보를 교환하고, 습득하도록 도움<br>- 인터넷상에서 정보 찾기<br>- 역량개발을 위한 전문과목 등을 개인지도<br>- 컴퓨터 사용방법을 가르침<br>- 박물관 방문 및 방문에 대한 보고서나 스피치 준비 |
| 2. 개인적 친목 관계 진전을 위한 활동 | - 멘제가 좋아하는 음식으로 식사<br>- 멘제가 가보고 싶어 하는 곳 - 대학로/한강/산/바다 등을 방문<br>- 멘토의 가정에 초대<br>- 영화 연극 음악회 - 야구장, 축구장, 농구장<br>- 시장이나 백화점을 함께 다님<br>- 함께 장애인 시설이나 병원에 봉사 활동 |
| 3. 업무능력 향상을 위한 미래준비 활동 | - 멘토의 전공이야기나 지식 기술에 관한 조언<br>- 관심분야에 대한 자료제공, 관심분야에 종사하는 선배와 만남주선<br>- 전문분야 학술발표에 참석<br>- 장래개발에 대한 것들에 대해 토론 |

## 1-5 경력직원과 함께 활동목표 평가실무

일반직원 멘토링 활동 분야에서 가장 핵심적으로 다루어야 할 목표로 1) 업무능력 향상, 2) 경력개발 촉진, 3) 자율학습 경영으로 설정하고 활동기간에 멘토와 멘제가 수시로 대응할 수 있는 아래 설문항목마다 5점 만점(5-4-3-2-1)으로 평가한다.

| Subjects | Test Tool | Test |
|---|---|---|
| 1. 업무<br>능력<br>향상 | 1. 금번 멘토링 활동은 개인성장에 도움이 되었다. | |
| | 2. 전문 업무를 전수하는 데 좋은 기회가 되었다. | |
| | 3. 조직 내에서 업무역량의 향상력에 인정을 받고 있다. | |
| | 4. 멘토/멘제 간 업무적인 면에서 유익한 기간이었다. | |
| | 5. 업무성과를 통해 나의 경쟁력이 높아진것 같다. | |
| 2. 경력<br>개발<br>촉진 | 1. 1:1 도제방식으로 업무 등 기술력이 향상되었다. | |
| | 2. 인사 조직분야에 더 깊이 알게 되었다. | |
| | 3. 상품이나 제품에 더 깊이 알게 되었다. | |
| | 4. 재무 회계분야에 더 깊이 알게 되었다. | |
| | 5. 마케팅과 고객에 더 깊이 알게 되었다. | |
| 3. 자율<br>학습<br>경영 | 1. 멘토링 정기 미팅을 통해 좋은 학습기회를 가졌다. | |
| | 2. 멘토/멘제 상호 간 미팅학습의 준비를 잘했다. | |
| | 3. 1:1 미팅으로 학습에서 토론과 집중화가 이루어졌다. | |
| | 4. 자율학습으로 업무 및 개인의 삶에도 도움이 되었다. | |
| | 5. 전문분야 특강이나 세미나에 참석할 의향이 있다. | |

[결과 의견서]
1. 업무능력 향상실적 3가지:
2. 경력개발 촉진실적 3가지:
3. 자율학습 경영실적 3가지:
4. 내가 소지한 자격증은?:

# 2. 실무 Skill-1 소통개발(Communication) 기술

## 2-1 효과적인 커뮤니케이션

의사소통(Communication)을 효과적으로 할 수 있는 능력은 조직 구성원들에게 요구되는 가장 중요한 사항이다.

모든 조직활동은 커뮤니케이션 없이는 생각할 수가 없는 것이다. 다른 사람들과 어떻게 하면 효과적으로 협력관계를 조성하여 유지해 나가느냐가 성공의 관건이다.

커뮤니케이션의 기본은 신뢰(Trust)를 쌓아 올리는 데 있다. 신뢰를 쌓으려면 당신이 상대방의 욕구(Needs)를 옳게 이해하여, 그 욕구에 부응하는 방법으로 접근해야만 한다.


타인소개 Workshop ①

당신은 누구인가?


1) 이름:

2) 직함(업무):

3) 업무 중 제일 좋아하는 일:

4) 업무 중 제일 싫어하는 일:

5) 자기의 장점:

6) 자기의 단점:

7) 어떤 유형의 사람과 커뮤니케이션(의사소통)이 가장 어려운가?

8) 또는 쉬운가?

9) 기타(취미, 출신지 등)

## 2-2 커뮤니케이션 기본이해

### 1) 커뮤니케이션의 6가지 목적
(1) 서로 커뮤니케이션을 어떻게 유지하면 인간관계가 효과적인가를 연구한다.
(2) 다양한 요구에 따른 유연성 있는 행동을 바르게 인식하기 위한 효과적인 과정인 방법을 익힌다.
(3) 다른 사람들이 나를 어떻게 인식하고 있는가를 탐구한다.
(4) 교섭과정을 통해 상대방에 대한 나의 행동을 변화시키는 기술을 한다.
(5) 배운 사항(기법)을 현실(조직 및 사회)에 적용해본다.
(6) 이 프로그램을 통해서 배운 기술을 계속 사용해 나갈 계획을 수립한다.

### 2) 커뮤니케이션의 5가지 중요성
(1) 커뮤니케이션은 조직활동을 영위해 나가는데 순환계통과 같은 주요 기능을 하고 있다.
(2) 성공적인 커뮤니케이션은 개인 및 부서 간의 협조, 협동체제 확립에 불가결한 요소이다.
(3) 커뮤니케이션은 피드백, 목표설정, 동기부여, 지도, 평가 등 관리자의 모든 행위에 필수적인 요소이다.
(4) 영업사원에게 고객과 훌륭한 인간관계를 유지하거나, 상품과

서비스를 구입하게 하기 위해서 효과적인 커뮤니케이션에 기초한 대인 관계 능력이 요구된다.

(5) 조직구성원에게는 팀의 일원으로서 일을 하기 위해서나, 상사나 선배, 동료와 훌륭한 인간관계를 유지하기 위해 커뮤니케이션의 성공이 매우 중요하다.

## 2-3 상호 간 성공적인 마음가짐

▶ 효과적인 커뮤니케이션에 있어서 가장 중요한 요소가 있다. 바로 멘토의 마음 가짐이다. 예를 들어 멘토가 일방적으로 멘제에게 '지금부터 나는 너의 멘토가 될 것이다.

'자, 한번 시작해 볼까?'라는 자세로 덤빈다면 결코 성공적으로 멘토링을 수행할 수 없다. 최대한 멘제에게 친숙하게 다가가고, 멘제의 경력이나 실력향상을 위해 진지하게 고민하는 모습을 보여주어야만 성공적으로 멘토링을 이끌 수 있는 것이다.

그렇다면 성공적인 멘토링을 위한 마음가짐이란 무엇을 말하는 것일까?

### 1) 서로에 대한 신뢰와 몰입

서로에 대한 신뢰라는 것은 멘토와 멘제가 얼마나 많은 시간을 함께 했는지에 따라 달라진다. 즉, 멘토와 멘제가 많은 시간을 함께할수록 서로에 대한 정보가 쌓여 그만큼 두터운 신뢰가 쌓이는 것이다.

그렇다면 몰입이라는 것은 무엇일까? 쉽게 말하면 멘제가 언제 어디서든 멘토의 도움을 받을 수 있도록 하는 것이다. 즉, 멘토에 대한 멘제의 접근 가능성이 어느 정도인지가 바로 멘토링에 있어서 '몰입'에 해당한다.

멘토링은 시간을 정해 놓고 이루어지는 활동이 아니다. 멘토에게 도움이 필요한 시간이 아침이 될 수도 있고, 저녁이 될 수도 있는 것이다. 그 시기가 언제가 되든 멘토는 멘제에게 적절한 도움을 제공할 수 있어야 한다. 물론, 멘토가 자신의 업무를 제쳐두고 대부분의 시간을 멘제에게 할애할 수는 없으며 그러한 행동이 바람직한 멘토의 모습이라고 할 수도 없다. 여기서 말하고자 하는 핵심은 실제로 그만한 시간을 투자하라는 것이 아니라 언제든지 멘제에게 몰입할 수 있는 여건과 시간적 여유를 만들겠다는 의지를 가지고 있어야 한다는 것으로 받아들이면 될 것이다.


## 2) 인내심

멘토링 활동에 있어서 인내심만큼 중요한 것도 없다. 일단 멘토와 멘제 간에 신뢰감과 몰입이 이루어지면, 이를 지속적으로 유지하기 위해 끊임없이 인내심을 발휘해야 한다.

멘토링 초기에 멘제의 적극적인 활동을 이끌어낸다는 것은 매우 힘든 작업이다. 이때 멘토가 요구하는 방향으로 멘제가 따라와 주지 않는다고 화를 내거나 한다면 힘들게 쌓은 신뢰와 몰입이 한번에 무너질 위험이 있다. 따라서 모든 변화는 서서히 이루어지는 것이라는 마음가짐으로 멘제가 제 궤도에 오를 때까지 인내심을 가지고 기다려줘야 한다.

또한 사람마다 성향이 다르듯이 배우는 속도에도 분명한 차이가 있다는 점을 이해해야 한다. 즉, 어떤 사람은 빨리 배우는 소질이 있는 반면, 어떤 사람은 배우는 속도는 느리지만 확실한 것을 추구하는 사람도 있는 것이다. 따라서 멘토는 멘제의 학습능력을 충분히 이해하고 그에 맞는 적절한 멘토링 방법을 적용해야 한다. 다시 한번 강조하지만 멘토링은 결코 서두른다고 되는 문제가 아니다.

멘토뿐만 아니라 멘제에게도 이러한 인내심이 필요하다. 소위 'N세대'라 불리는 요즘 세대들은 인내심이 부족한 경우가 많은 것이 사실이다. 또한 쉽게 싫증을 내며 항상 새로운것을 찾는 성향이 강하다. 그런데 문제는 이러한 성향이 인간관계에서도 드러난다는 것이다. 예를 들어 요즘 젊은이들은 사람들을 쉽게 만나고 쉽게 헤어지며, 자신이 하고 싶은 말을 마음에 담아두지 못하는 경향을 가지고 있다. 물론, 자신의 생각을 솔직하게 밝힌다는 점은 멘토링에 있어 긍정적으로 작용할 수도 있지만 그것이 상호신뢰 관계를 훼손할 정도로 지나친다면 멘토링 관계에 부정적인 영향을 미치게 된다.

### 3) 자기감정의 통제

멘토링 관계에서 멘토나 멘제는 모두 자신의 감정을 적절히 통제할 수 있어야 한다. 물론사람은 감정의 동물이기 때문에 자신의 감정을 마음대로 통제한다는 것이 쉽지는 않을 것이다.

직장에서도 상사가 자신의 감정을 통제하지 못해 부하직원들이 매일같이 상사의 눈치를 보아야 하는 경우가 많이 발생한다. 이로 인해 자신의 의견을 밝히지도 못할뿐더러, 심지어는 반드시 해야 할 결재나 보고를 망설이는 경우도 있다.

멘토링 관계에서도 이러한 문제가 발생할 수 있다. 즉 멘토가 지나치게 자신의 감정을 있는 그대로 드러낼 경우 멘제가 엄청난 부담감을 느낄 수밖에 없는 것이다.

### 4) 적절한 피드백

멘토링에 있어서 '피드백'은 멘토의 가장 중요한 역할 중의 하나이다. 멘제가 수행하는 프로젝트나 과제에 대해 잘한 점과 좀더 개선이 필요한 부분을 명확히 알려주어야 향후 좀더 나은 방향으로 개선할 수 있기 때문이다. 그렇다면 이러한 피드백이 제도로 이루어지기 위해서는 어떠한 요건을 갖추어야 할까?

첫째, 피드백 목적에 대해 멘제와 합의를 해야 한다. 피드백의 목적이 멘제에 대한 평가나 보상보다는 멘제의 실력개발에 있음을 명확히 전달해야 한다.

즉, 멘제에게 개발이 필요한 부분이 어디인지, 이러한 피드백이 장차 경력개발에 어떠한 도움을 주는지 등에 대한 구체적인 설명과 합의가 필요하다.

둘째, 실제 행동으로 옮길 수 있는 구체적이고 실질적인 피드백을 제공해야 한다. 단순히 멘토링 결과에 대한 느낌이나 전반적인 분위기만을 전달하면 멘제가 구체적인 행동을 취하기가 어렵기 때문이다.

셋째, 피드백 결과에 대한 모니터링이 필요하다. 피드백이 일회성에 그쳐서는 안 되며, 지속적으로 멘제의 개발과정이나 실천 정도를 모니터링하겠다는 멘토의 강한 의지가 피드백 안에 담겨 있어야 한다. 멘토가 이러한 의지를 보일 때 멘제도 자기개발활동에 열정을 가지고 몰입할 수 있다.

멘토는 멘토링 결과에 대해 다음 도표와 같이 두 가지 방식의 피드백을 동시에 시행해야 한다.

첫째, 태도나 사기, 회사생활 방식 등 구체적인 지표나 결과를 산출하기 어려운 주관적 피드백이 있어야 한다.

둘째, 업무성과 등 구체적인 결과에 대한 객관적 피드백이 있어야 한다.

물론 멘토링 과정이 끝난 후 멘제에 대한 최종적인 평가는 객관적 성과가 중심이 되겠지만 그러한 성과가 나오기까지의 과정도 무시할 수 없다는 점에서 주관적, 객관적 피드백이 동시에 이루어져야 한다.

## 2-4 커뮤니케이션 측정평가방법

오늘날 우리 사회는 정보와 다양화 특성의 다양화로 인하여 남다르게 소통에 대한 준비없이는 고통이 따르고 관계를 이어가기 어렵고 힘든 사회다. 소통하기 위해서는 효과적 커뮤니케이션이 필요하며 먼저 타인을 배려하는 입장에서 생각하고 경청에 유의해야 한다.

소통을 위해서는 피나는 연습과 노력이 필요하다. 시스코의 존 챔버스 회장은 난독증이었으며 처칠은 말더듬이었음에도 불구하고 대중과 소통하기 위해 피나는 노력연습을 했다. 우리의 소통 지수를 알아보고 필요한 부분을 적극적으로 개선하기 위해 노력해 보기로 하자. 다른 사람을 만나는 상황을 머릿속에 그리며 테스트 해보라.

5점: 항상그렇다. 4점: 대체로 그렇다. 3점: 보통이다. 2점: 대체로 그렇지 않다. 1점: 전혀 그렇지 않다.

## [소통지수 자기 진단 Sheet]

| NO | 원칙 | 자기진단내용 | Check |
|---|---|---|---|
| 1 | 공감<br>원칙 | 다른 사람을 만날 때 상대방과의 차이를 인정하는가? | |
| 2 | | 상대방에 대해 알고자 노력하는가? | |
| 3 | | 상대방의 심정과 생각을 이해하고자 노력하는가? | |
| 4 | | 자기이야기를 격의 없이 질문하는 편인가? | |
| 5 | 경청<br>원칙 | 말하기보다는 상대방의 이야기를 듣는가?(양적 입장) | |
| 6 | | 상대방의 이야기를 진지하고 깊게 듣는가?(질적 입장) | |
| 7 | | 사람을 만날 때 의상과 외모에 신경을 쓰는가? | |
| 8 | 통합<br>원칙 | 말할 때 상대방을 설득하기 위해 제스처를 사용하는가? | |
| 9 | | 이야기를 할 때 상대방과 눈을 마주치는가? | |
| 10 | | 상대방에게 부드럽게 이야기하는가? | |
| 11 | 스토리<br>텔링<br>원칙 | 상대방과 막힘없이 많은 이야기를 할 수 있는가? | |
| 12 | | 다른 사람의 이야기 등 사례를 많이 말하는가? | |
| 13 | | 상대방에게 말할 때 조리있고 짜임새 있게 이야기하는가? | |
| 14 | 명료성<br>원칙 | 상대방에게 말할 때 이야기 주제가 명료한가? | |
| 15 | | 상대방에게 말할 때 주제가 논리적이고 출처가 분명한가? | |
| 16 | 반복<br>자극<br>원칙 | 상대방에게 자기 주장을 반복해서 설득하는가? | |
| 17 | | 타인과 만날 때 자기만의 매력을 보이려고 노력하는가? | |
| 18 | | 누군가를 만났을 때 타인을 배려하는 매너가 있는가? | |
| 19 | 진정성<br>원칙 | 누군가 만났을 때 상대방에게 집중하는가? | |
| 20 | | 상대방에게 하는 말과 행동이 일치한다고 보는가? | |

## 2-5 커뮤니케이션 평가결과

| 등급 | 득점점수 | 평가 | 평가내용 |
|---|---|---|---|
| 1 | 90점 이상 | 소통의<br>달인 | 어떠한 상황에서도 차이를 인정하고 소통을 시도한다. 경청을 통해 다른 사람의 의견을 먼저 받아 들이고 자신의 의견도 상황에 맞게 적절히 전달한다. 항상 상대방을 최우선으로 하여 소통한다. 역사적 인물이나 성인의 반열이다. |
| 2 | 80 | 원할한<br>소통 | 소통을 하고자 매사 노력한다. 여건이 허락하면 차이를 인정하고 좋은 관계를 맺고자 노력한다. 주변 사람에게 친화력이 좋은 사람으로 인정받으며 매력적인 인물로 주변에 사람이 모인다. |

| 3 | 70 | 평범한 소통 | 소통의 중요성을 인식하고 소통하고자 시도하지만 안 되는 경우가 종종 발생한다. 자신의 이익과 관련된 문제가 개입되면 소통보다는 일방적 주장으로 상대방을 설득하고자 한다. |
|---|---|---|---|
| 4 | 55 | 일방적 소통 | 소통을 자신의 주장이 관철되는 것으로 이해한다. 자신의 주장을 모두 전하는 것이 좋은 소통이라 생각하고 특히 자신의 매력을 높이는 것에 몰두하지만 상대방에게 잘 집중하지는 않는다. |
| 5 | 55점 이하 | 불통의 단계 | 타인과 차이를 인정하지 못할 뿐 아니라 자신의 메시지 자체도 효과적으로 전달하지 못한다. 관계 형성이 안 되며 나중에는 만남 자체를 꺼린다. |

자료인용: http://Zimm.blog.me/40094294031

# 3. 실무 Skill-2 Dia 경력개발 기술

멘토링은 조직 내에서 개인이 경력(Career)개발을 하는 데 있어서 상당한 영향을 미칠 수 있다. 경영학자인 맥신 돌턴(Maxine Dalton)은 다음 도표와 같이 조직 내에서 개인이 경력 개발을 하는 과정을 4단계로 구분했다. 먼저 1단계는 상사에게 전적으로 의지하는 의존단계 Dependence Step이며, 2단계는 서서히 스스로 할 수 있는 일을 찾아가는 독립단계 Independence Step이다. 또 3단계는 후배사원에게도 도움을 주기 시작하는 멘토와 협력단계 Collaboration Step이며, 마지막 4단계는 조직 내에서 완전히 자립하는 영향력단계 Influence Step이다.

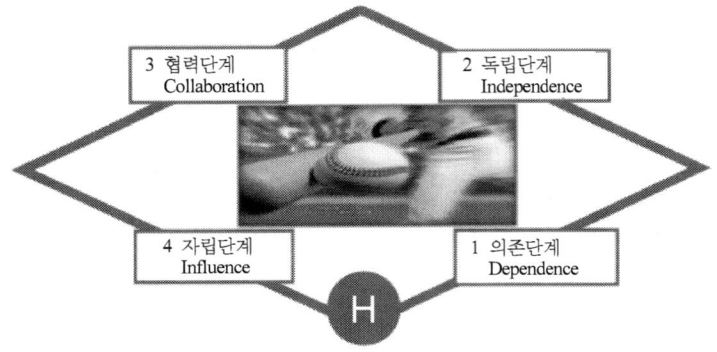

[경력(Career)개발 다이아몬드 M-DCD-4S 모형도]

1) 단계: Step2는 일반직원대상 Diamond 인재개발의 두번째 단계다.

2) 내용 1): 다이아몬드 업무능력향상을 통한 인재개발 목표를 달성한다.

3) 내용 2): 업무능력향상을 통한 M-DCD 4S 기법 경력개발을 초점으로 한다.

4) 기간: 멘토링 활동 12개월~24개월 기간으로 설정한다.

5) 사례: 듀폰코리아 경비업체 경력개발 멘토링

## 3-1 맥신 돌턴의 경력개발 4단계

### 1) 경력개발의 효과적인 모델 4단계

경력개발에 대한 이론을 잘 설명한 경영학자 '맥신 돌턴(Maxine Dalton)'이 강조하고 있는 '경력개발의 효과적인 모델 4단계'는 다음과 같다.

| | |
|---|---|
| **Step 1 의존단계**<br>**Dependence** | 업무능력향상을 위한 전적으로 의존하는 단계로 이 단계에서는 비교적 단순한 업무만을 수행하면서 업무를 배우는 단계이다. 이 단계는 신입직원에서부터 한 직급이 올라간 후 일반지원단계로 보면 좋을 것이다. |
| **Step 2 독립단계**<br>**Independence** | 차츰 전문가로서의 기술적 역량을 발휘할 수 있는 단계로 이 단계에서는 스스로 전문적인 기술을 익히며 펼쳐가는 독립성이 형성되며 점차 능력이 커가면서 창의적인 능력발휘도 시작이 된다. 이 단계에서는 멘저의 역할과 함께 상사인 멘토의 역할을 담당하게 되며 동시에 중간 관리자 역할도 병행해야 하므로 인간관계에 대한 갈등을 특별하게 많이 경험하게 된다. |
| **Step 3 협력단계**<br>**Collaboration** | 멘저에게 멘토로서 지도와 모델링을 하는 단계로 이 단계에서는 폭넓은 인간관계와 관리자, 지시자, 리더의 역할을 병행하면서 자신의 멤버들에게 모범적인 멘토링을 통해 부하육성의 중요한 역할을 하게 된다. 이 단계에서는 자신은 물론 구성원에 대한 책임감이 증대되어 성품과 역량을 갖추어야 하는 중압감을 갖게 된다. |
| **Step 4 자립단계**<br>**Influence**<br>성공 | 조직의 상하직급에 자신의 영향력을 발휘해 나가는 단계이며 이 단계에서의 자신의 역할 중에 가장 중요한 것은 조직문화와 조직의 전략방향을 전달하고 혁신을 이루어 가는 우수 멘토의 책임자로 양성 되는 것이다. 차원 높은 수퍼 리더십을 발휘해야 하며 인재를 개발하고 육성하여 조직의 경영활동에 폭넓게 영향력을 발휘하게 된다. 이 단계에서는 파벌이나 권력다툼에 휘말릴 위험이 있으므로 멘토로서의 넓은 시야와 포용력이 요구된다. |

　'돌턴의 경력개발 4단계'를 참조하여 조직에서 '체계화된 인재육성 경력개발 프로그램'을 운영한다면 그 조직의 경력개발은 좀 더 원활해질 것이며 조직의 경쟁력 확보가 유리하게 될 것이다. 결국 조직에서는 구성원의 경력개발을 통한 조직의 인재경쟁력 강화를 위하여 "멘토링 프로세스"의 도입이 필요한 것이다.

## 3-2 맥신 돌턴의 4단계 경력개발 모델

| 구분 | 의존단계 | 독립단계 | 협력단계 | 자립단계 |
|---|---|---|---|---|
| 주요 활동 | 비교적 단순업무 수행 어느 정도 주도적으로 업무수행 | 전문가적 기술적 역량 발휘 높은 기술적 완성도 창의적으로 업무 수행 | 멘토역할 수행 폭 넓은 관심범위와 역량 관리 지도지시자 역할관리자역할에 초점 | 멘토 역할조직 문화, 전략방향 형성혁신, 조직가 정신발휘 높은 관리리더십 능력 |
| 구성원과의 관계 특징 | 학습하는 부하로서의 역할 수행 | 부하의 학습활동에 개입하면서 상호작용하는 역할 | 대인관계 형성능력 제고 구성원에 대한 관심 자신 및 타인의 업무에 대한 책임 보유 | 사람을 통한 업무수행 인재선발유지 동기 부여에 주력 |
| 심리적 고려사항 | 부하로서의 의존자 역할에 적응 | 부하, 상사로서의 두 가지 역할을 동시수행하면서 갈등 경험 | 자신감 형성리더십 배양 | 경영활동에 폭넓게 관여 권력다툼에 휘말릴 가능성 |

## 3-3 윌리엄 그레이(William Gray)교수의 5단계 인재개발 모델

| 구분 | 의존단계 M | 동기부여 단계 Mp | 협력단계 MP | 확인단계 mP | 독립단계 P - M |
|---|---|---|---|---|---|
| 활동 형태 | 멘토에게 지시받는 시기 | 멘토가 리드하고 지도하는 시기 | 멘토가 멘제와 함께일을 수행하는 시기 | 멘토가 업무를 위임하는 시기 | 완전히 업무에서 독립하는 시기 |
| 멘제의 행동변화 특징 | 기술훈련 중심조직에 대한 경험 부족 | 학습의지가 강하고, 독립적으로 일 해보려고 하며, 약간의 주도권을 쥐고 일함 | 멘토와 함께 일하는 능력을 보유, 문제 해결능력, 기술적 전문성 보유 | 업무수행에 있어서 통찰력을 보유 독립적으로 업무수행확인을 위해 멘토에게 조언을 얻는 수준 | 독립적 창의혁신적 행동 스스로 멘토역할 수행 |

M: 토의 큰 영향력 대문자표시
m: 토의 영향력 의식적으로 약화 소문자 표시
P: 로테제(멘제)의 영향력 큼 대문자표시
P: 프로테제(멘제)의 영향력 약화 소문자표시

그런데 돌턴(Maxine Dalton)이 제시한 경력 개발의 4단계는 그레이 (William Gray)가 주장한 멘토링 단계와 상당히 유사한 특성이 있음을 알 수 있다. 그레이에 의하면, 멘토링의 활동 초기에는 멘제가 일방적으로 멘토에게 의존하지만, 시간이 지나면서 서서히 서로 협력하는 관계가 되고, 최종적으로는 완전히 독립하는 단계로 발전한다고 한다. 즉, 돌턴의 모델을 기준으로 보면, 1~3단계를 통해 멘토링을 경험한 사람은 4단계의 경력까지 상승할 수 있다는 것이다.

이 두 가지 주장을 비교해보면 결국 상사와 멘토의 지도와 후원은 조직 내 구성원의 경력개발에 있어서 유사한 패턴으로 영향을 준다는 사실을 알 수 있다.

AMS(Accountemps Mentoring Survey)라는 기관이 150여 명의 조직 임원을 대상으로 시행한 '경력개발에 있어서 멘토링이 도움이 되는가'라는 설문조사 결과를 보면, 응답자의 50%가 매우 도움이 된다고 했으며, 44%는 어느 정도 도움이 된다, 5%는 도움이 되지 않는다, 1%는 모르겠다 순으로 나타나, 약 80% 이상의 응답자가 멘토링이 경력개발에 도움이 된다는 사실에 동의했다.

## 3-4 경력제도 성공적 도입 유의사항

'맥킨지 컨설팅'의 21세기 인재전략 리포트인 '인재전쟁'이란 보고서에서도 이러한 점을 강조하고 있다. 지금은 자신과 조직의 미래를 위하여 '경력개발 성공적인 멘토링 시스템' 도입에 대한 관심과 연구가 필요한 때이다.

・경력개발 성공적 도입의 유의사항

1) 멘토링 경력개발에 대한 지원이 체계적이고 지속적으로 이루어 져야 한다.

2) 멘토링 경력개발에 대한 정기적인 평가를 통한 성과측정이 연결 되어야 한다.

3) 멘토링은 멘토의 역할모델과 목표에 초점을 두고 체계적으로 이 루어져야 한다.

4) 멘토링 경력개발 프로그램은 시스템적으로 밀접한 관계를 통해 이루어져야 한다.

5) 멘토링 경력개발은 먼저 대인관계, 그리고 업무 목적으로 이루 어져야 한다.

# 제3장

## 관리직원 눈높이 멘토 양성 기술

　　조직에서 어느 정도 경력을 쌓고 인정받게 되면 관리직원 특히 팀장으로 관리능력을 발휘하게 되는데 이때 멘토가 필요하게 되는 것이다. 구체적으로 멘토링 활동의 성공율을 높이기 위하여 "팀장 멘제의 관리역량강화"에 대한 기여도를 촉진하기 위함이다.

　　특히 관리직원의 특성과 눈높이에 맞춰 멘토를 양성하고 멘토링 활동 기간에 멘토와 멘제가 둘이서 하나되어 신뢰와 존경으로 한마음을 갖고 행복을 만든다.

　　멘토는 인간성 중심으로 개인에게 만족감을 주고 상사는 생산성 중심으로 조직에 효율성을 높여 상호 간 멘토링 협력경영을 이룬다.


1. 교육훈련 멘토양성 과정

2. 실무 Skill-1 상담개발(Counseling) 기술

3. 실무 Skill-2 Dia 성과개발 기술

# 1. 교육훈련 멘토양성 과정

## 1-1 관리직원 눈높이 멘토의 역할

### 1) 멘토 대상자
(1) 팀장 동급으로 리더십 및 전문지식을 갖춘자
(2) 상위급 선배로 리더십 및 전문 지식을 갖춘자
(3) 사회공인자로서 컨설턴트, 변호사, 회계사, 세무사, 자격자, 특허자, 박사급 등과 동등의 인재
(4) 대학교수로서 전공에 맞는 자

### 2) 멘토의 역할
멘토는 일반직원 멘제를 위하여 먼저 개인의 형식적 인격과 암묵적 인격으로 인성지원 활동을 우선하고 겸하여 인간성을 바탕으로 멘제 개인의 만족감과 인간관계 개발, 업무능력향상, 리더십개발 등의 업무 효율성에도 크게 기여할 수 있도록 자신의 역량을 최대한 발휘한다.

### 3) 멘토의 교육
멘토는 멘토링 활동 개시 전에 멘토링에 관한 전문교육을 수강하고 멘토링 활동에서는 자율성을 최대한 발휘하여 먼저 자부심을 갖고 보람의식, 책임의식, 목표의식으로 성공율을 높이는 데 기여해야 한다.
- 멘토링 전문교육과정
- 멘토/멘제 Workshop교육 과정

- 멘토링 특강교육 과정

4) 멘토의 차별화

- 상사: 업무적인 지시(Indicating)=생상성 효과를 챙긴다.

- 멘토: 인간적인 지원(Supporting)=인간성 효과를 챙긴다.

- CEO: 질과 양의 균형 유기적 조직공동체로 경쟁력 강화를 챙긴다.

## 1-2 관리직원과 함께하는 Workshop 과정

| Module | Hour | Contents | Style | Speaker |
|---|---|---|---|---|
| 인간성<br>개발<br>Game | 1 | 성격개발 게임 | 예비진단: 20분<br>대응토론: 30분 | 멘토링코리아<br>강사팀 |
| | 1 | 감성개발 게임 | | |
| | 1 | 인성개발 게임 | | |
| 관리역량<br>강화<br>Strategy | 2 | 성과개발 방법 | 관리역량-3가지<br>분임토의<br>Diamond<br>Performance<br>Skill 소개 | |
| | | 업무개발 방법 | | |
| | | 경력개발 방법 | | |
| 리더십<br>개발<br>Skill | 1 | 멘토자질 Skill | 예비진단 20분<br>대응토론 30분 | |
| | 1 | 멘토역할 Skill | | |
| | 1 | 미팅활동 Skill | | |

[교육효과]

1) 멘토링 원리와 현장 프로그램에 대한 올바른 이해를 가진다.

2) 멘토/멘제 상호 간 관계 촉진 커뮤니케이션이 원활해진다.

3) 멘토/멘제가 미팅 시 소재개발에 아이디어를 갖게 된다.

4) 멘토십이 개발 되어 멘제를 양육하는 데 노하우를 갖게 된다.

5) 멘토는 리더십이 개발되어 조직의 핵심인재로 인정 받게 된다.

## 1-3 관리직원과 멘토링 활동 목적/목표추진

추진목적: 팀장 관리역량강화 멘토링

멘토링 목적으로 팀장 관리역량 강화는 먼저 분명한 목표를 설정하고 다음으로 1:1로 상급자 멘토와 팀장과 존경과 신뢰관계를 유지하면서 단기간 내 고효율 저비용의 효과를 얻고자 하는 새로운 기법이다.

### 1) 멘토링 활동목표 3가지 선정

목표 1: 인간관계성 역량개발

(1) 성격 역량개발

(2) 감성 역량개발

(3) 인성 역량개발

목표 2: 업무효율성 역량개발

(1) 지식경영 역량개발

(2) 업무숙달 역량개발

(3) 경력개발 역량개발

목표 3: 인재리더십 역량개발

(1) 인간존중 리더십 역량개발

(2) 자율학습 리더십 역량개발

(3) 전인생활 리더십 역량개발

### 2) 기간: 12개월
### 3) 활동시종: 2012.07.01~2013.06.30
### 4) 멘제그룹: 팀장직급 20명

5) 멘토그룹: 상위직급 20명

## 1-4 관리직원과 함께하는 친목활동 소개

멘토링 활동은 자발적 참여가 성공의 지름길이 되기 때문에 가능한 조직 전체가 지원 분위기 조성에 각별히 관심을 가져야 한다.

가장 효과적인 지원은 CEO의 관심사다. 최근에 CEO가 직접 사원을 챙기는 예를 자주 매스컴에서 볼 수 있는데 아마 인간존중경영의 시대적인 흐름으로 생각한다.

멘토링 계획을 수립할 때 처음부터 CEO를 멘토링 영역에 두어야 한다. 그래서 멘토/멘제 결연식 때부터 친해질 수 있도록 참석해서 주례를 하고 사진을 찍고 선물도 직접 챙겨주어야 한다. 부득이 불참할 경우에는 소상히 사정을 알리고 임원이 반드시 대행해야 한다.

멘토/멘제가 출발 Workshop할 때 대부분 색다른 경험을 하게 되어 감격을 맞보는 사람이 대부분이다. 그러나 교육의 효과는 3개월 가지 못한다고 한다. 그러므로 분기별로는 CEO 참여하에 격려 모임을 갖고 보수교육 등 전체 분위기를 높이는 게 효과적이다.

다음 프로그램은 멘토/멘제 전체 그룹이 분기별로 한 가지씩 선택하여 멘토링 열정을 북돋우는 프로그램으로 활용하도록 소개한다.

### 1) 분기그룹미팅

멘토링 추진 팀 주관으로 멘토/멘제가 활동 개시 후 분기별로 갖는 전체 모임이다. CEO 참석하에 자유토론, 건의사항, 격려사, 보수교육, 친목 식사 등을 내용으로 하는 프로그램을 가진다.

### 2) 야외활동

멘토링 추진 팀 주관으로 멘토/멘제 전체가 등산, 마라톤, 운동, 수영대회 등을 내용으로 프로그램을 가진다.

### 3) 학습활동

멘토링 추진팀 주관으로 멘토/멘제 전체가 모여 자체적으로 주제발표, 조직내외 강사 초등 특강 수강, 학술발표회 고적답사 프로젝트 성공사례 등을 내용으로 프로그램을 가진다.

### 4) 독서활동

멘토링 추진 팀 주관으로 멘토/멘제 전체 대상으로 신간 발표회 독서그룹 운영 전문서적 공람 교양서적 공람 독후감 발표 등을 내용으로 프로그램을 가진다.

### 5) 봉사활동

멘토링 추진팀 주관으로 멘토/멘제 전체가 지역청소 한경운동 참여 병원봉사 이웃돕기 행사 꽃동네 방문 자선바자회 등을 내용으로 프로그램을 가진다.

## 1-5 관리직원의 활동목표 평가실무

관리팀장 멘토링 활동 분야에서 가장 핵심적으로 다루어야 할 목표로 1) 인간성 차원, 2) 효율성차원, 3) 리더십차원으로 설정하고 활동기간에 멘토와 멘제가 수시로 목표 달성을 위한 대응 자세로 임하여야 한다. 다음 목표별 항목마다 5점 만점(5-4-3-2-1)으로 평가하라.

| Subject | | Test Tool | Test |
|---|---|---|---|
| 인간<br>관계성<br>역량개발 | 1 | 성격개발－성격 충돌이 없었는가? | |
| | 2 | 감성개발－소통이 잘 되었는가? | |
| | 3 | 인성개발－인격목표 지수를 알고 대응했는가? | |
| 업무<br>효율성<br>역량개발 | 1 | 지식개발－지식 이전(Sharin)이 잘 되었는가? | |
| | 2 | 업무개발－업무에 관한 조기 숙달이 이뤄졌는가? | |
| | 3 | 경력개발－특정업무에 경력개발이 이뤄졌는가? | |
| 인재<br>리더십<br>역량개발 | 1 | 인간존중－멘토/멘제 간 신뢰와 존중이 이뤄졌는가? | |
| | 2 | 인재개발－현재 직원 중에서 인재개발 대상자가 있는가? | |
| | 3 | 전인생활－상호 간 인격목표달성 노력이 이뤄졌는가? | |

[결과 의견서]
1. 인격 현행 점수:       인격 목표 점수:       인격 최종 점수:
2. 멘토로 존경하는 인물 3사람은?
3. 지식 sharing 실적은?
4. 인재개발 대상자 명단?


# 2. 실무 Skill-1 상담개발(Counseling) 기술

## 2-1 멘토링 상담학습 개요

### 1) 멘토링 상담학습 유래

멘토링은 전인교육 방법이다. 아니 교육이라기보다는 둘이서 삶을 나누는 것이 정답이다. 멘토링에서는 교육자나 경영자나 목회자이기 이전에 먼저 인격자로서 성숙을 원하는 것이다.

멘토링의 내용(Contents)은 지(知), 정(情), 의(意) 서비스, 인격적으로 멘토가 멘제에게 자신의 역량을 최대한 베푸는 삶이라고 볼 수 있다. 그러한 근거는 멘토링의 유래에서 스승인 멘토(Mentor)가 왕자 텔레마쿠스와 20년 동안 생활 교육에서 찾아 볼 수 있다. 바로 그 당시 교재로 사용했던 수학, 철학, 논리학이 무엇을 의미하는지 깊은 통찰이 있어야 한다. 수학=知, 철학=情, 논리학=意의 등식? 인격을 이해하는 데서부터 멘토링 학습은 출발한다.

참고로 멘토(Mentor)가 텔레마쿠스 왕자를 위해 준비한 1:1 Tutorial System 상담 학습 방법을 아래와 같이 열거한다

- 멘토는 왕자와 대화식으로 교육을 하였다 - 대화식
- 멘토는 왕자와 열렬한 토론을 벌였다 - 토론식
- 멘토는 질문자이고 왕자는 대답하였다 - 문답식
- 멘토는 왕자와 동료처럼 거리를 좁혔다 - 동료식
- 멘토는 왕자에게 사물을 예로 들어 설명했다 - 예화식
- 멘토는 왕자와 아버지처럼 정답게 지냈다 - 정답게

멘토는 왕자가 완전한 인간, 즉 인격자, 용사, 지혜자, 왕으로서 성장하도록 그에게 맡겨진 임무를 완수하기 위해 온몸을 던져 완벽하게 수행했으며, 자신의 임무가 완료되었을 때에 미련 없이 떠나가는 아름다운 이야기에서 멘토링을 발견하게 되고 1:1 Tutorial System에 대한 상담학습 유래와 인재개발 방법론 그리고 한 사람을 고품격 인재로 성장시키는 최적의 시스템임을 알 수 있다.

Mentoring Tutorial System은 오늘날 1:1 상담 학습이 가능한 교육부분에 아름다운 사례를 갖고 있다. 교수와 학생의 관계에서 초중고교 선생님과 학생과 관계에서 감동적인 사례가 매스컴이나 잡지에 실리기도 하여 많은 사람에게 감동을 주기도 한다. 왜냐하면 학교의 평준

화 교육이나 기업의 집단 교육에서는 이러한 사례가 제도적으로 발생 확률이 거의 불가능하기 때문이다.

## 2-2 멘토링 카운셀링 학습 스킬

멘토의 상담 심리 스킬이란 주로 사회나 기업에서 멘제 자신의 입장과 역할, 아이덴티티(Identity: 자신의 존재, 정체성)에 대한 이해를 향상시키고 보다 성숙한 인간으로 성장하는 것을 독려할 목적으로 하는 기법이다.

상담심리 스킬에는 멘제의 정신적 · 심리적 건강 증진을 목적으로 한 멘토의 지원행동도 포함되어 있으며 이러한 목적을 달성하기 위해 멘토는 다음과 같이 행동한다.

1) 역할 모델(Role Model) 스킬

멘제에게 필요한, 적절하고 어울리는 태도나 가치관을 몸에 익히도록 하기 위해서, 멘토가 역할 모델을 몸으로 보여주는 것이다.

2) 포용과 확인 스킬(어떠한 상황에 처한 멘제라도 따뜻하게 받아들임)

멘토가 멘제를 한 사람의 인간으로 존중하고 멘제에게 무조건적으로 긍정적인 관심을 가지고 있다는 것을 알리는 행동이다.

3) 카운셀링 스킬(부모 입장에서 상담에 나섬)

멘제의 정신적 · 심리적 스트레스를 덜어주기 위해 멘제가 직장, 가정, 사회에서 직면하는 일과 다양한 걱정거리를 멘토에게 털어놓고 얘기할 수 있는 분위기와 기회를 제공하는 행동이다.

4) 우호 스킬(같은 인간으로서 자연스러운 지원 관계)

멘토와 멘제 사이에 우정과 신뢰에 바탕을 둔 사적이면서 비공개적인 멘토링 관계를 구축할 수 있도록 하는 행동이다.

[메모 - 상담 심리스킬 사례]

1) 역할모델 스킬 - 역할 모델을 보여줌
 · 멘토는 멘토 자신의 입장에 어울리는 말과 행동을 함
 · 멘제의 모범이 될 수 있는 인물이 되도록 노력함
 · 멘제가 진심으로 신뢰할 수 있는 인간이 되도록 명심함
 · 멘제의 모범이 될 수 있는 능력과 실적을 보여줌
 · 조직의 기본 방침과 철학을 이야기해 줄 수 있어야 함

2) 포용과 확인 스킬 - 따뜻하게 받아들임
 · 멘토 자신에게는 멘제의 좋은 점을 인정하고 그것을 이야기해 줌
 · 멘제를 한 개인으로 존중함
 · 멘제를 단순한 멘제로서가 아니라 함께 살아가고 일하는 동료로서 인정함

3) 카운셀링 스킬 - 자상하게 상담에 임함
 · 멘제의 이야기를 멘제의 기분으로 들어줌
 · 멘제의 이야기를 멘토 자신의 의견을 강요하지 말고 들어줌
 · 멘제가 무슨 얘기든 털어놓을 수 있는 사람이 되도록 명심함

4) 우호 스킬 - 많은 시간 인간적인 면에서 서로 교류함
 · 많은 시간을 인간적인 차원에서 멘제와 교류를 함
 · 직장을 떠나서는 업무상 상하관계와 상관없이 멘제를 대함
 · 업무 이외의 일이라도 멘제와 이야기를 나누고 의견을 같이함
 · 멘토링 기간이 끝나더라도 효과적인 관계를 유지함

## 2-3 멘토링 카운셀링 학습 절차

실제로 카운슬링을 어떻게 운영하면 좋을까? 구체적으로 설명해 보도록 하겠다.

### 1) 준비

실제로 카운셀링에 들어서기 전에 우선 해두어야 할 것은 니즈 (Needs)나 이슈를 파악하는 일이다. 인간관계의 개성이 문제인지, 프로그램 일정진행이 문제인지, 고객관리가 문제인지를 찾아내야 한다. 그리고 되도록 구체적이고 측정 가능한 행동에 초점을 맞추어야 한다. 문제 상황을 막연하게 알고 있는 것만으로는 반드시 착오가 발생하며 도움될만한 해결법을 제시할 수 없다. 그렇지 않으면 당신이 모처럼 손을 내밀어도 멘제는 움츠러든 채 당신에게 가까이하지 않을 지도 모른다.

### 2) 의논의 일시를 정한다

카운셀링에는 적합한 시간, 적합하지 않는 시간이 있다. 의논할 날을 정한 다음에는 온갖 어려움을 물리치고서라도 약속을 지킬 정도의 마음가짐이 필요하다. 최초의 두 번은 절대 취소해서는 안된다. 당신과 멘제 양측이 의논하여 가능한 시간을 선택하는 것이 중요하다. 근무 시간에 하는 것도 좋다. 그러나 퇴근 후 술을 한잔 기울이면서 하는 카운셀링은 카운셀링이라고 할 수 없다. 참된 의미의 카운셀링이란 술을 빌려 이야기를 나누는 것이 아니다. 노련한 카운셀러는 만나는 날짜를 통보하는 데에도 신경을 쓴다. 너무 일찍 통보해주는 것은 좋지 않다. 예를 들어 금요일에 다음 월요일이나 화요일에 만나자는 약속을 했을 때, 멘제는 문제가 있음을 직감하고 온통 주말을 불안하게 보낼 것이기 때문이다. 대개의 경우 그날 이른 아침에 약속을 청하는 것으로 충분하다. 그날 오후에 시간을 낼 수 있을지 확인하면 되는 것이다.

### 3) 문제를 말한다

만나게 되면 당신 쪽에서 먼저 입을 열어야 한다. 왜 당신이 의논하고 싶어 했는지 간결하게 숨김없이 말을 해야 한다. 이 단계에서는 아직 문제의 핵심을 언급할 필요는 없다. 다만 말문을 열기만 하면 된다. 클라이막스는 아직 미루어 두고 멘제의 태도를 살핀다.

### 4) 멘제가 하는 말을 듣는다

카운셀링에서 가장 중요한 점이 멘제가 하는 말을 들어 주는 것이다. 이때 당신은 온 신경을 집중시켜 듣지 않으면 안 된다.

당신은 멘제가 말하는 내용에서 무엇을 알아낼 것인가? 문제의 뿌리를 찾아내도록 해야 한다. 당신 자신에도 문제의 원천이 있을 수도 있다. 따라서 겸허하게 경청하여야 한다.

### ·개인적인 문제의 경우

가족 문제, 질병, 알콜 중독이나 마약중독, 금전적인 문제 등 개인적인 문제가 이슈되었을 때 카운셀러는 특별히 주의를 갖고 존중의 자세를 잃지 말아야 한다. 너무 관심을 보이면 프라이버시의 침해라고 오해받을 수도 있고 그렇다고 거리를 유지하면 이번에는 냉담하다고 책망받기 일쑤이다. 그러므로 당신이 가능한 범위 내서 도와주고 싶다는 솔직한 마음을 알리고 상대를 안심 시키는 것이 중요하다. 상담에 응해줄 전문가(심리 카운셀러나 금융 카운셀러 등)를 소개해 주는 것도 좋다. 성실하게 멘제의 이야기를 들어 주는 태도, 부하가 가벼운 마음으로 당신의 사무실로 들어 설 수 있도록 문을 활짝 열어 두는 것, 이것이 멘제에 대한 당신의 배려의 증거인 것이다.

### 5) 즉석에서 행동계획을 수립한다

어떻게 도울 수 있을 지가 명백해진다면, 다음에 구체적인 행동계획을 수립할 필요가 있다. 언제 무엇을 할 것인가? 물론 멘제와 합의한 다음 결정하는 것이 좋을 것이다. 그리고 면담의 마지막에 다음 면담 일시를 결정한다. 일이 어떻게 진행되고 있는지, 원활하게 일을 처리하기 위해 당신이 할 수 있는 일은 없는지 체크하기 위해 면담하는 것이다.

## 2-4 멘토링 카운셀링 학습 스킬

· 참고: 다음은 멘토와 멘제가 현장 활동하면서 의견 충돌할 수 있는 상황이다.

3가지 중 멘토/멘제가 상의하여 가장 좋은 답 한 개를 자유롭게 선택하라.

| NO | 토 론 주 제 | 선택 |
|---|---|---|
| 1 | 두 주 동안 멘제가 남긴 다섯 건의 메시지에 멘토가 아무런 응답이 없다.<br>1. 멘제는 계속 메시지를 남기고 아무 말도 해서는 안 된다.<br>2. 멘제는 포기하고 다른 멘토를 찾아가야 한다.<br>3. 멘제는 계속 노력하여 접촉이 되었을 때는 관심을 표명해야 한다. | |
| 2 | 멘제가 약속을 어기고 해명하는 전화도 안 한다.<br>1. 멘토는 관계를 끊어야 한다.<br>2. 멘토는 또 약속을 하고 만났을 때에는 관심을 표명해야 한다.<br>3. 멘토는 가능한 빨리 전화를 하여 관심을 표명해야 한다. | |
| 3 | 멘토가 멘제와 로맨틱한 관계를 맺고 싶다고 암시한다.<br>1. 멘제는 기분은 좋지만 그런 식의 관계는 싫다고 말해야 한다.<br>2. 멘제는 대화 소재를 바꾸고 그 말을 무시해야 한다.<br>3. 멘제는 그런 가능성에 관심을 갖는 이유를 물어 보아야 한다. | |
| 4 | 멘토가 멘제와의 약속을 어기고 해명하는 전화도 안 한다.<br>1. 멘제는 가능한 빨리 멘토에게 전화하여 무슨 일인지 알아보고 다시 약속해<br>야 한다.<br>2. 멘제는 멘토가 전화하기를 기다려야 한다.<br>3. 멘제는 멘토가 중요한 이유가 있다고 추측하고 아무 말도 해서는 안 된다. | |
| 5 | 멘제가 멘토에게 비싼 선물을 사준다.<br>1. 멘토는 짧은 글로 감사해야 한다.<br>2. 멘토는 선물을 거절하고 부당성을 지적해야 한다.<br>3. 멘토는 멘제와 상황을 토의하고 멘제에게 선물을 되돌려 주려고 힘껏 노력<br>하지만 멘제가 고집하면 한번은 받는다. | |
| 6 | 첫 만남에서 멘제가 멘토와 그의 가족을 방문하겠다고 요구한다.<br>1. 멘토는 멘제 아이디어에 감사하고 미래에 가능하다고 말해야 한다.<br>2. 멘토는 동의하고 가능한 가장 빠른 날에 멘제를 초대해야 한다.<br>3. 멘토는 이런 일은 멘토링 관계에서는 적절한 일이 아니라고 말해야 한다. | |
| 7 | 멘토가 멘제의 필요와 상관없는 충고를 한다.<br>1. 멘제는 멘토에게 이 충고가 상관없다고 멘토에게 알려야 한다.<br>2. 멘제는 그 충고를 따라야 한다.<br>3. 멘제는 멘토에게 감사하고 의사 결정할 때 고려하겠다고 말해야 한다. | |
| 8 | 다른 동료들이 멘토가 멘제를 돌보는 일에 질투를 나타낸다.<br>1. 이런 상황이 일어날 것이므로 멘토는 무시해야 한다.<br>2. 멘토는 경청하고 멘토링 관계의 목적을 설명하고 그들도 멘토링을 하도록<br>설득한다.<br>3. 멘토는 그 멘제와 멘토링 하는 이유를 설명해야 한다. 그리고 그들과 멘토링<br>하지 않는 이유도 설명해야 한다. | |
| 9 | 멘토가 멘제의 동료들 앞에서 멘제를 심하게 비판한다.<br>1. 멘제는 그들에게 힘과 능력이 있다는 것을 과시하기 위해 자신을 변호해야<br>한다.<br>2. 멘제는 그 사건을 견뎌내고 나서 후에 멘토를 상대한다.<br>3. 멘제는 그것을 학습 경험으로 삼는다. | |

| NO | 토 론 주 제 | 선택 |
|---|---|---|
| 10 | 첫 번째 만남에서 멘제가 멘토와 주제에 관해 견해가 다르다.<br>1. 멘제는 마치 견해에 등의 하는 것처럼 행동해야 한다.<br>2. 멘제는 멘토에게 무엇이 잘못인지 알게 해야 한다.<br>3. 멘제는 나중까지 논평을 보류 한다. | |
| 11 | 멘제가 행동윤리에서 멘토와 의견이 다르다.<br>1. 멘제는 아무 말도 해서는 안 된다.<br>2. 멘제는 자신의 상사에게 보고해야 한다.<br>3. 멘제는 상사에게 가기전에 멘토와 대면하여 이야기해야 한다. | |
| 12 | 멘토가 새로운 멘제에게 개인적인 일을 요청한다(예를 들면 가족을 위해 잡화<br>점 쇼핑을 하게 된다).<br>1. 멘제는 즐겁게 그 일을 해야 한다.<br>2. 멘제는 이런 일은 좀 이상하다고 지적하고, 멘토가 바쁘다면 이번만은 기꺼<br>이 하겠다고 한다.<br>3. 멘제는 그 일을 하면서 몸짓으로 부당함을 나타내야 한다. | |
| 13 | 3개월 경과 후에 멘토는 멘제가 목표달성에는 관심이 없고 오직 답소하기나 원<br>한다고 결론을 내린다.<br>1. 멘토는 답소도 멘토링에서 중요하므로 계속해야 한다.<br>2. 멘토는 관계를 끝내고 이유를 설명해야 한다.<br>3. 멘토는 멘제의 상황에 대처하여, 목표 지향적인 활동을 지적해주고, 행동 변<br>화를 위한 최종 목표일을 정한다. | |
| 14 | 멘제가 멘토에게 이성적으로 매력을 느낀다.<br>1. 멘제는 멘토에게 그런 감정을 표현해서는 안 된다.<br>2. 멘제는 멘토에게 그런 감정을 말해야 한다.<br>3. 멘제는 자기 배우자에게 그런 감정에 대해 얘기해야 한다. | |
| 15 | 멘제가 멘토를 점심에 초대하고 계산서가 나왔다.<br>1. 멘토가 계산해야 한다.<br>2. 멘제가 계산해야 한다.<br>3. 둘 다 기다리면서 누가 내는지 봐야 한다. | |
| 16 | 멘제의 직속상사가 멘제에게 멘토를 심하게 비판한다.<br>1. 멘제는 직속상사가 말한 것을 멘토에게 말해야 한다.<br>2. 멘제는 직속상사에게 알려줘서 고맙다고 하고 그것으로 끝내야 한다.<br>3. 멘제는 직속상사에게 그런 비평을 듣지 않겠다고 말해야 한다. | |
| 17 | 멘제가 멘토에게 심각한 개인문제(정신질환 등)도 털어놓기 시작한다.<br>1. 멘토는 그런 문제를 멘제에게 상담해 주려고 노력해야 한다.<br>2. 멘토는 자신의 개인 문제를 멘제와 공유함으로써 응수해야 한다.<br>3. 멘토는 멘제에게 전문적인 도움을 받아야 한다고 제의해야 한다. | |
| 18 | 멘토가 멘제에게 심각한 개인문제(정신질환 등)도 털어놓기 시작한다.<br>1. 멘제는 그런 문제를 멘토에게 상담해 주려고 노력해야 한다.<br>2. 멘제는 자신의 개인 문제를 멘토와 공유함으로 응수해야 한다.<br>3. 멘제는 멘토에게 전문적인 도움을 받아야 한다고 제의해야 한다. | |

| NO | 토 론 주 제 | 선택 |
|---|---|---|
| 19 | 대화할 때 멘토가 자주 멘제의 말을 가로 막는다.<br>1. 그것은 멘토의 스타일이므로 멘제는 그냥 내버려 두어야 한다.<br>2. 멘제는 그런 행동을 건의하고 대안을 토의해야 한다.<br>3. 멘제는 멘토의 상사에게 그런 행동을 지적해 달라고 요청한다. | |
| 20 | 대화할 때 멘제가 자주 멘토의 말을 가로막는다.<br>1. 그것은 멘제의 스타일이므로 멘토는 그냥 내버려 두어야 한다.<br>2. 멘토는 그런 행동을 건의하고 대안을 토의해야 한다.<br>3. 멘토는 멘제의 상사에게 그런 행동을 지적해 달라고 요청한다. | |
| 21 | 첫 번째 만남에서 멘제가 멘토에게 자신의 경력에 도움이 되기 위한 목적으로 자신을 멘토의 중요한 동료나 친구에게 소개시켜 달라고 요구한다.<br>1. 멘토는 그것이 멘토링의 부분이므로 '예'라고 대답해야 한다.<br>2. 멘토는 지나친 요구라고 거절해야 한다.<br>3. 멘토는 그것이 미래에나 가능한 일이라고 말해야 한다. | |
| 22 | 멘제가 멘토와의 미팅에 세 번씩이나 늦었다.<br>1. 멘토는 새로운 멘제로 바꾼다.<br>2. 멘토는 멘제와 대면하여 사유를 파악한다.<br>3. 멘토는 다음 세 번의 미팅에 늦게 와야 한다. | |
| 23 | 멘제가 멘토와 미팅에서 갑자기 울음을 터뜨린다.<br>1. 멘토가 멘제를 끌어 안아야 한다.<br>2. 멘토는 미팅을 중단하고 멘제에게 귀가하라고 해야 한다.<br>3. 멘토는 얘기를 듣고 우는 이유를 물어 본다. | |
| 24 | 멘제가 멘토에게 직속상사의 아주 개인적인 일들을 말하기 시작한다.<br>1. 멘토는 이것이 미래를 위한 계획에 도움이 되므로 잘 들어야 한다.<br>2. 멘토는 이것이 둘이서 의논하기에 부적합하다고 제의해야 한다.<br>3. 멘토는 자기가 직속상사에 대해 아는 것을 더해야 한다. | |
| 25 | 멘토가 멘제의 생일이 다음 주라는 것을 안다.<br>1. 멘토는 그 일을 모르는 체한다.<br>2. 멘토는 전화하거나 카드를 보내야 한다.<br>3. 멘토는 멘제에게 선물을 사서 줘야 한다. | |

# 3. 실무 Skill-2 Dia 성과개발 기술

세 번째 단계는 과장~부장 등 중간지도자로써 팀장 관리인재들을 대상으로 한다. 이 단계는 활동 내용도 각양각색이고, 한 마디로 설명하기가 복잡하지만, 초점은 팀장의 관리역량을 개발 하는 것이다.

팀장 관리역량의 핵심인 성과(Performance)개발을 멘토와 협력 (Collaboration)하는 방법으로 다이아몬드 4단계 M-DPD-4S 프로그램 을 소개한다.

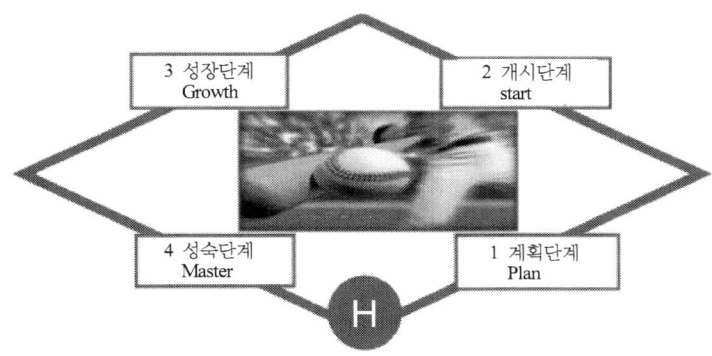

[프로젝트 성과(Performance)개발 M-DPD-4S 모형도]

1) 단계: 관리인재개발은 Diamond 인재개발의 세번째 단계(Step 3) 이다.

2) 적용: 각 조직의 관리(팀장: 과장~부장)인재에 적용 프로그램이다.

3) 내용: 관리역량강화 M-DPD-4S는 다이아몬드 4단계 성과개발을 초점으로 한다.

4) 기간: 멘토링 활동 12개월~24개월 기간으로 설정했다.

5) 사례: 몬트리올 은행, 플러엔지니어링

## 3-1 팀장 프로젝트 성과개발 발전 4Step

### 1) 성과개발 발전 4단계 흐름표

종래의 리더십(Leadership) 이론은 강한 리더십 아래 상의하달(上意下達) 식으로 행해지는 환경에서 가능했다. 그러나 융통성이 없는데다 인간성을 무시한 측면이 있고, 또한 이것을 유지하는 데 관리비가 많이 들어 경쟁력이 떨어졌다.

이런 점을 해결하면서 업적으로 높이기 위해서는 리더의 역할도 조직의 진화와 함께 변화할 필요가 있다. 성과형 개발팀으로 전환하는 데는 다음과 같은 4가지 단계가 있으며 그 과정에서 멘토는 팀장을 인성면에서 조언해주는 역할을 하게 된다.

| | |
|---|---|
| **Step1: Plan**<br>성장단계<br>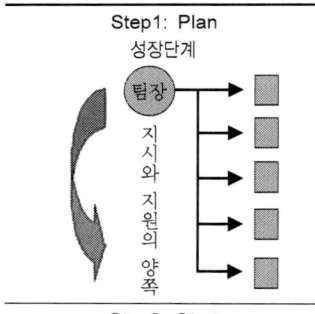지시와 지원의 양쪽 | 팀장이 핵이 되어 각 팀 구성원을 이끌고 지도할 필요가 있다. 프로젝트가 계획이 수립되고 각자가 자립하여 자율적 활동을 하게 되면, 지원이 팀장의 주 업무가 된다. 우수한 팀에서는 이것이 더욱 진척되며 팀원 스스로가 판단하면서 개별적 대응이 가능해진다.<br><br>팀장: 업무프로젝트 계획설정<br>상사: 업무적인 생산성 지시<br>멘토: 인간적인 인간성 지원 |
| **Step2: Start**<br>개시단계<br>팀장<br>멘토에 의한 지원 중심 | 이 프로젝트 개시단계부터는 각 구성원이 독립적 행동 형태를 취하게 되고, 팀장은 관리자에서 조정자로 이행하게 된다. 리더십을 발휘하는 방법도 종래의 톱다운 방식의 리더십으로 바뀐다. 각 구성원이 스스로 생각하고 판단하는 형태로 전환하면 활력과 기동성은 비약적으로 상승한다.<br><br>팀장: 프로젝트 업무개시<br>멘토: 팀장이나 혹은 팀원과 1:1로 멘토링 체제구축<br>멘토 - 인간성 지원 |

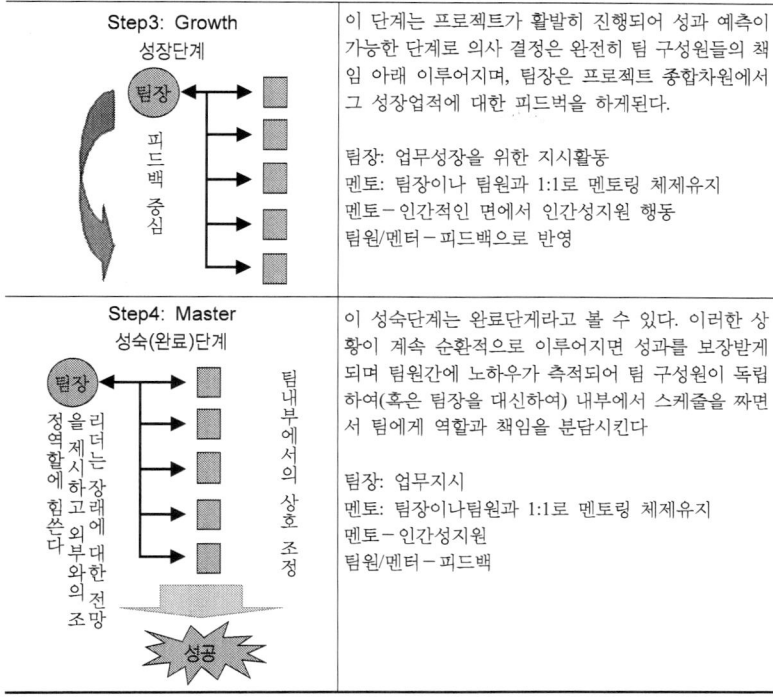

| Step3: Growth<br>성장단계 | 이 단계는 프로젝트가 활발히 진행되어 성과 예측이 가능한 단계로 의사 결정은 완전히 팀 구성원들의 책임 아래 이루어지며, 팀장은 프로젝트 종합차원에서 그 성장업적에 대한 피드백을 하게된다. |
|---|---|
| 팀장<br>피드백 중심 | 팀장: 업무성장을 위한 지시활동<br>멘토: 팀장이나 팀원과 1:1로 멘토링 체제유지<br>멘토-인간적인 면에서 인간성지원 행동<br>팀원/멘터-피드백으로 반영 |
| Step4: Master<br>성숙(완료)단계 | 이 성숙단계는 완료단계라고 볼 수 있다. 이러한 상황이 계속 순환적으로 이루어지면 성과를 보장받게 되며 팀원간에 노하우가 측적되어 팀 구성원이 독립하여(혹은 팀장을 대신하여) 내부에서 스케줄을 짜면서 팀에게 역할과 책임을 분담시킨다 |
| 팀장<br>정역할에 힘쓴다 리더는 제시하고 외부와의 장래에 대한 전망<br>팀 내부에서의 상호 조정<br>성공 | 팀장: 업무지시<br>멘토: 팀장이나팀원과 1:1로 멘토링 체제유지<br>멘토-인간성지원<br>팀원/멘터-피드백 |

## 3-2 성과개발 멘토의 경쟁력

"멘토가 되더라도 도대체 어떤 점이 좋은지 이해가 되지 않는다"고 생각하는 분은 안 계십니까? 멘토가 됨으로써 최대의 이점은 뭐니뭐니해도 자기 자신을 개발할 수 있고 더욱 크게 성장할 수 있으며 게다가 자신의 신용과 신뢰감을 더욱 높일 수 있다. 구미에서는 이미 멘토 수당이 보급되어 있을 정도로 멘토라는 것이 널리 인식되어 있으며 한국에서도 멘토의 도입 준비가 완료되는 대로 서서히 멘토 수당을 도입하는 기업이 늘어날 것이다. 또한 서양에서는 승진의 조건으로도 멘토의 경험이 중시되고 있다. GE(General Electiric)에서는 멘토의 경력이 임원급이나 최고 경영자급이 되기 위한 조건으로 되어 있고, 월마트에서도 멘토링 파트너십을 중시하고 있으며, 장래의 후계자가 갖추어야 할 조건으로 삼고 있다. 앞으로 다면 평가제의 도입이 확대되면 한국에서도 멘토의 경험이 중요한 경력으로 존중받을 시대가 올 것이다.

[멘토링(Mentoring) 파트너십]

월마트에서는 자기중심적 사고를 버리고 각 그룹이 서로 존경하는 마음과 성의를 가지고 다른 사람의 성공을 위해 적극적으로 지원하도록 장려하고 있다. 아울러 장래의 리더는 이러한 것을 실현하여 회사를 성공으로 이끈 사람이 될 것으로 생각하고 있다. 이러한 생각으로 형식적으로 되기 쉬운 조직의 벽을 쌓는 대신 서로 간의 이해를 위한 대화를 함으로써 고객의 욕구 변화를 날카롭게 포착하여 적절한 대응을 손쉽게 한다. 자립, 자율을 지향하는 동시에 서로 협력하는 멘토적 풍토를 키워나가도록 배려하는 점이 성공을 위한 커다란 요인이 되고 있다. 우수한 인재를 육성, 유지하여 회사의 지속적인 성장에 크게 공헌하는 동시에 우수한 인재를 채용할 때도 큰 도움이 된다. 이러한 현장의 협력관계 구축이 회사 전체의 경쟁력 강화에 크게 공헌하고 있다.

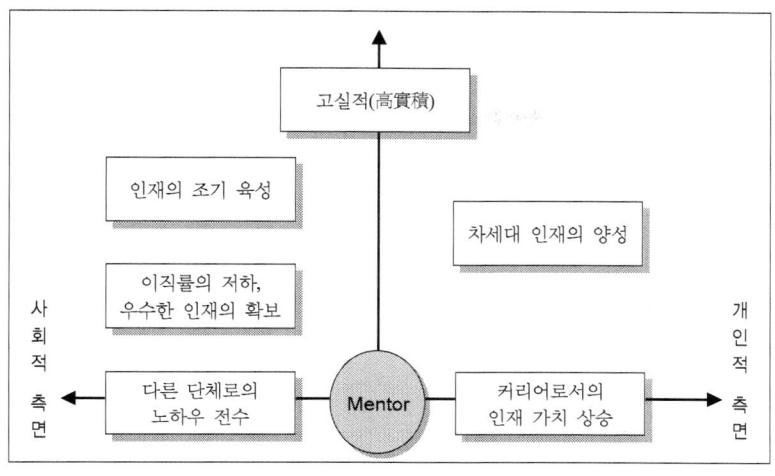

## 3-3 성과 이익률을 높이는 고객전략

선진 글로벌 기업에서는 일찍이 치열한 경쟁사회에 돌입하여 품질의 개선뿐만 아니라 고객만족 특히 서비스의 질적 개선에 특별한 대응을 할 수밖에 없었다.

"전체 고객의 20%를 차지하는 고 소비층이 회사의 80% 이익을 낳게 한다." 이와 같은 80대 20의 법칙에서 이익률 향상을 위해 가장 효과를 기대할 수 있는 것은 단골손님과 재이용자의 확보라고 한다. 또한 고객 이탈을 50% 감소시키면 이익이 배가된다고 한다. 어느 크레디트 회사는 5%의 고객 이탈을 감소시킴으로써 125%의 이익 증가를 기록한 예도 있다. 이때 들어간 비용은 신규 고객을 유치하는 비용의 불과 5분의 1이었다고 한다. 고객 이탈의 가장 큰 원인은 고객에 대한 무관심이다. 특히 고객이 불만을 느꼈을 때의 대응이 중요하다.

"불만을 가진 고객 중 불만을 제기하여 그 해결에 만족한 고객의 해당 상품 서비스의 재구입 결정 비율은 불만이 있으면서도 표시하지 않는 고객보다 높다."

컴퍼니 굿맨(Goodman)의 법칙에서는 이렇게 주장한다. 또 불만을 가진 비호의적인 고객의 입소문의 영향력은 통상 2배 이상의 영향력이 있다고 한다. 따라서 불평을 말하는 손님은 태도를 바꿀 가능성이 남아 있기 때문에 신속히 대응함으로써 재구입률을 비약적으로 높일 수 있다.

이것을 실현하기 위해서는 직원 만족도 개선, 사람 중심의 경영의식 전환, 권한 부여에 의한 자유재량의 확대, 직원의 선별과 철저한 교육 등을 우선적으로 실천해야 한다. 그렇게 해야만 서비스의 비약적인 질적 향상을 기대할 수 있다. 그 중에서도 많은 주목을 받는 것이 1:1 고객만족 마케팅의 근원인 멘토링이다.

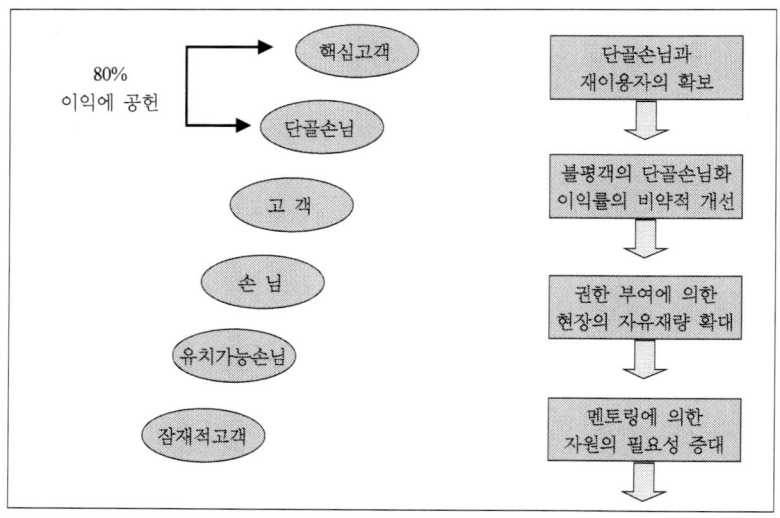

## 3-4 팀장 성과개발 특징과 그 효과

### 1) 고(高) 성과형 팀의 특징

1. 변혁과 리스크 도전
2. 상호 간의 학습을 중시
3. 직능 횡단적 팀 만들기
4. 지원역, 멘토를 둔다.
5. 업적의 피드백
6. 업적에 따른 급여체계
7. 평가팀에의 직원참가
8. 경영정보의 개시
9. 전원이 고객과의 피드백에 참가한다.
10. 관리직의 계층을 감소한다.

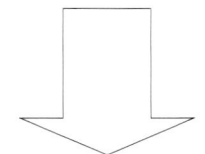

### 2) 그 효과

1. 경쟁력강화
1) 관리비용절감        2) 신속한대응
3) 다양성에 대한 대응     4) 생산성 향상
5) 경영효율의 향상
2. 고성과 - 인재유지 확보
1) 하고자 하는 마음의 향상
2) 책임감과 당사자 의식의 향상
3) 경영 마인드의 육성
3. 인재의 육성과 개발
1) 인재의 효율적 활용
2) 커리어(Career)의 육성
3) 후계자 양성

# 제4장

# CEO 임원 눈높이 멘토
# 양성 기술

조직의 최고위직은 임원 CEO로서 조직 전체를 경영자의 입장에서 핵심역량과 핵심인재개발의 강화 차원에서 멘토가 필요한 것이다. 멘토링 활동의 성공율을 높이기 위하여 "CEO 임원 멘제의 핵심역량 강화"에 기여도 여부를 촉진하기 위함이다.

특히 리더임원의 특성과 눈높이에 맞춰 멘토를 양성하고 멘토링 활동 기간에 멘토와 멘제가 둘이서 하나되어 신뢰와 존경으로 한마음을 갖고 행복을 만든다.

멘토는 인간성 중심으로 개인에게 만족감을 주고 CEO는 생산성 중심으로 조직에 효율성을 높여 상호 간 멘토링 협력경영을 이룬다.

1. 교육훈련 멘토양성 과정
2. 실무 Skill-1 미팅개발(Meeting) 기술
3. 실무 Skill-2 Dia 조직개발 기술

# 1. 교육훈련 멘토양성 과정

## 1-1 CEO 임원 눈높이 멘토의 역할

### 1) 멘토 대상자

(1) 임원 동급으로 리더십 및 전문지식을 갖춘자

(2) 상위급 선배로 리더십 및 전문지식을 갖춘자

(3) 사회공인자로서 컨설턴트, 변호사, 회계사, 세무사, 자격자, 특허자, 박사급 등과 동등의 인재

(4) 대학교수로서 전공에 맞는 자

### 2) 멘토의 역할

멘토는 일반직원 멘제를 위하여 먼저 개인의 형식적 인격과 암묵적 인격으로 인성지원 활동을 우선하고 겸하여 인간성을 바탕으로 멘제 개인의 만족감과 인간관계 개발, 조직역량개발, 핵심인재개발, 핵심업무개발 등의 업무 효율성에도 크게 기여할 수 있도록 자신의 역량을 최대한 발휘한다.

### 3) 멘토의 교육

멘토는 멘토링 활동 개시 전에 멘토링에 관한 전문교육을 수강하고 멘토링 활동에서는 자율성을 최대한 발휘하여 먼저 자부심을 갖고 보람의식, 책임의식, 목표의식으로 성공율을 높이는 데 기여해야 한다.

– 멘토링 전문교육과정

– 멘토/멘제 Workshop교육 과정

- 멘토링 특강교육 과정

4) 멘토의 차별화

- 상사: 업무적인 지시(Indicating)=생상성 효과를 챙긴다.
- 멘토: 인간적인 지원(Supporting)=인간성 효과를 챙긴다.
- CEO: 질과 양의 균형, 유기적 조직공동체로 경쟁력 강화를 챙긴다.

## 1-2 CEO 임원과 함께하는 Workshop 과정

| Module | Hour | Contents | Style | Speaker |
|---|---|---|---|---|
| 인간성 개발 Game | 1 | 성격개발 게임 | 예비진단: 20분 대응토론: 30분 | 멘토링코리아 강사팀 |
| | 1 | 감성개발 게임 | | |
| | 1 | 인성개발게임 | | |
| 핵심역량 강화 Strategy | 2 | 조직개발 방법 | 핵심역량-3가지 분임토의 Diamond Organization Skill소개 | |
| | | 핵심인재개발 | | |
| | | 핵심업무개발 | | |
| 리더십 개발 Skill | 1 | 인간존중 Skill | 예비진단: 20분 대응토론: 30분 | |
| | 1 | 자율학습 Skill | | |
| | 1 | 전인생활 Skill | | |

[교육효과]

1) 멘토링 원리와 현장 프로그램에 대한 올바른 이해를 가진다.

2) 멘토/멘제 상호 간 관계 촉진 커뮤니케이션이 원활해진다.

3) 멘토/멘제가 미팅 시 소재개발에 아이디어를 갖게 된다.

4) 멘토십이 개발되어 멘제를 양육하는 데 노하우를 갖게 된다.

5) 멘토는 리더십이 개발되어 한마음 조직문화 구축에 기여한다.

## 1-3 CEO 임원들과 멘토링 목적/목표 추진

목적: CEO 임원 핵심역량강화 멘토링

멘토링 목적으로 CEO 임원 핵심량 강화는 먼저 분명한 목표를 설정하고 다음으로 1:1로 멘토와 멘제로 CEO 임원과 존경과 신뢰관계를 유지하면서 단기간 내고효율 저비용의 효과를 얻고자하는 새로운 기법이다.

### 1) 멘토링 활동목표 3가지 선정

목표 1: 조직개발 역량개발

(1) 인재 역량개발

(2) 업무 역량개발

(3) 성과 역량개발

목표 2: 핵심인재 역량개발

(1) 인간성 역량개발

(2) 생산성 역량개발

(3) 리더십 역량개발

목표 3: 핵심업무 역량개발

(1) 제품 개발력 역량개발

(2) 제품 기술력 역량개발

(3) 제품 경쟁력 역량개발

2) 기간: 12개월

3) 활동기간: 2012.07.01~2013.06.30

4) 멘제그룹: CEO 및 임원급 20명

5) 멘토그룹: 상위직 및 사내외 인사 20명

## 1-4 CEO 임원과 함께하는 친목활동 소개

[멘토/멘제 전체 그룹 쌍 목적]

멘토링 추진팀에서 주관하여 전체 쌍이나 팀별로 월간 미팅하는 것으로, 주로 관계촉진을 위한 친교 격려 중심의 모임 활동을 가진다.

(1) 활동명칭: 멘토/멘제 그룹 월간 활동(주간 모임 하루를 대체)
(2) 활동참석: 멘토/멘제 전체나 팀으로 참석, 조직의 간부나 CEO 급 참석

| NO | 행사종류 | 일정선택 | 장소선택 | 시간선택 |
|---|---|---|---|---|
| 1차 계간 | 친목 촉진행사 | | | |
| | 월간평가 | | | |
| 2차 계간 | 문화 체험행사 | | | |
| | 월간평가 | | | |
| 3차 계간 | 신체 단련행사 | | | |
| | 월간평가 | | | |

1차 친목 촉진행사

- 맛집찾기, 특식먹기, 향토 및 토속 음식먹기, 별미찾기 등 선택

2차 문화 체험행사

- 영화감상, 서점방문, 미술관 음악 콘서트, 경기관람, 고적답사 등 선택

3차 신체 단련행사

- 등산, 조깅, 마라톤 참가, 래프팅, 테니스, 수영 등 운동 선택

## 1-5 CEO 임원 활동목표평가 실무

리더 인재 멘토링 활동 분야에서 가장 핵심적으로 다루어야 할 목표로 1) 조직개발, 2) 핵심인재개발, 3) 핵심업무개발로 설정하고 활동기간에 멘토와 멘제가 목표 달성을 위해 수시로 대응에 임하여야 한다. 아래 목표별 각 항목을 5점 만점(5-4-3-2-1)으로 평가한다.

| Subjects | Contents | Test Tool | Test |
|---|---|---|---|
| 1. 조직 개발 | 1) 인재 역량개발 | 타사에서 스카우트 제의가 오고 있는가? | |
| | 2) 업무 역량개발 | 업무와 기술이 경쟁력이 있는가? | |
| | 3) 성과 역량개발 | 프로젝트 팀이 활발하게 운영되고 있는가? | |
| 2. 핵심 인재 개발 | 1) 인간성 역량개발 | 인간존중 경영이 이루어지고 있는가? | |
| | 2) 생산성 역량개발 | 제품/상품이 경쟁력이 있는가? | |
| | 3) 리더십 역량개발 | 감성과 섬김 리더십의 분위기인가? | |
| 3. 핵심 업무 개발 | 1) 제품 개발역량 | R&D에 관심이 큰 조직인가? | |
| | 2) 제품 기술역량 | 제품에 핵심기술이 적용되고 있는가? | |
| | 3) 제품 경쟁역량 | 시장에서 경쟁 우선 순위에 있는가? | |

[결과 의견서]
1. 나의 핵심업무: 1    2    3
2. 조직 핵심 업무: 1    2    3
3. 시장경쟁 우위제품: 1    2    3

## 2. 실무 Skill-1 미팅개발(Meeting) 기술

멘토와 멘제는 주어진 기간 멘토링 활동에서 성공율을 높이기 위하여 미팅 주기를 습관화하는 것이 무엇보다도 중요하다. 특히 각 조직에서 CEO의 결재를 얻어 일정 일시를 [멘토링데이]로 선포하는 것이 더욱 바람직하다. (예: 매주 목요일 1시간 등)

그다음에는 주기적으로 미팅시간이 주 1회나 월간 2~3회 등으로 이뤄지게 되는데 이때 미팅시간을 효율적으로 나누기 위하여 아래 내용으로 진행순서를 모델로 정하여 선보인다.

특별히 유의할 것은 미팅 시간이 1시간이 될 수도 있지만 별도 야외친목교제를 나눌 경우는 하루도 될 수 있음을 알아야 한다.

멘토/멘제가 미팅 당일에 당황하거나 부담되지 않게 이 진행 시나리오를 사전에 학습해 두면 크게 도움이 될 것이다.

[미팅활동 촉진기술-7Step]

| Step | Theme | |
|------|-------|---|
| 1 | Welcoming | 환영하기 |
| 2 | Counseling | 질문하기 |
| 3 | Teaching | 답변하기 |
| 4 | Freetalking | 토론하기 |
| 5 | 5 Coaching | 교제하기 |
| 6 | Planning | 준비하기 |
| 7 | Ending | 종료하기 |

Step 1 Welcoming - - -환영해요

　새로운 환경 속으로 들어오는 한 사람 멘제를 위해 멘토인 당신이 매번 만남(Meeting)에서 마음의 문을 열고 환영해 줄 수 있는 방법을 찾으라 - Ice Breaking!

　멘토는 이렇게 말하지 않는다. "겨우 한 사람을 위해서?" "일개 사원을 위해서?"

　1) Hint-Ice Breaking 소재
　-나의 좌우명은?
　-내가 가장 존경하는 한 사람은?
　-다른 사람이 모르는 내 모습 한 가지는?
　-가장 기억나는 친구, 스승, 선배, 친척은?
　-내 인생에서 가장 기쁜 때와 사건은?
　-내 인생에서 가장 슬플 때와 사건은?
　-가족 중에서 나를 가장 많이 닮은 사람은?
　-가장 오랫동안 잠 못 이룬 때와 사건은?

　2) 첫 만남, 즐거운 대화 10Tip
　-밝은 주제를 가지고 이야기를 나눈다.
　-환한 미소를 주고 받는다.
　-삶에 도움이 되는 이야기를 나눈다.
　-대화를 나눌 때 의견이 활발히 오고 가야 한다.
　-자기의 의견만 고집하지 않는다.

- 솔직하게 의사 표시를 한다.
- 긍정적으로 맞장구를 친다.
- 칭찬할 일이 있으면 기쁜 마음으로 칭찬을 한다.
- 같은 말을 지루하게 반복하지 않는다.
- 공감할 수 있는 대화를 나눈다.

## Step 2 Counseling - - - 멘제가 상담, 질문해요

미팅의 두 번째 단계는 첫 단계에서 상호 간 마음의 문이 열린 상태에서 진행한다. 상담 단계는 그동안 멘제의 질문을 비롯하여 멘토에게 상담할 내용을 멘제가 사전에 준비해서 거리낌 없이 이야기를 나누는 것이다. 바로 동생이 형님한테 자연스럽게 대하는 태도다. 멘토는 우선적으로 경청 자세로 진지한 모습을 보여준다.

\* 멘토는 신뢰로, 멘제는 존경으로 상호 간 한마음!

멘토는 이렇게 말하지 않는다. "멘제여 내가 먼저 이야기할게" "그 다음 순서 말하라고"

멘제는 항상 먼저 말하고 질문하고 멘토는 항시 경청 후 답변해주고 상담해준다.

1) Hint - 상담 및 질문소재
- 직장에 대한 이야기
- 업무에 관한 이야기
- 전문 및 교양도서 독후감
- 핵심기술 지식 노하우 이야기

－사회 활동 및 동우회 이야기

－종교 등 신앙이야기

－가정(부모, 부부, 자녀 등) 이야기

－학습, 세미나, 자격증에 관한 이야기

－건강(신체와 정신 등) 이야기

－문화, 취미, 특기, 생활 이야기

－자기관리에 관한 이야기

## Step 3 Teaching － － －멘토가 답변해요

미팅의 세 번째 단계는 두 번째 단계에서 멘토가 경청한 후 답변해
주고 상담해주고 그리고 그동안 준비한 업무, 기술, 지적, 주요정보
등을 챙겨서 전한다.

\* 멘제의 마음은 멘토의 가슴으로 통한다.

멘토는 이렇게 말하지 않는다. "나의 핵심기술은 줄 수 없어", "멘
제여 당신도 나만큼 고생해야 얻을 수 있는 것이야."

멘제의 인재개발은 멘토의 핵심 기술이나 가장 귀한 자료를 나눔
여부에 달려있다.

### 1) Hint －멘토의 경청과 포용력
－가벼운 마음으로 이야기할 수 있게 한다.
－상대방이 하는 말을 잘 듣는다.
－멘제가 문제를 해결할 수 있도록 돕지만, 필요 이상으로 멘제의
　행동을 억제하지 않는다.

- 문제에 관하여 의논하고 있을 때 공감을 표시한다.
- 멘제가 감정적이 되어 이성을 잃더라도 그것을 대범하게 보는 관대함을 가진다.
- 자신감을 잃지 않는다.
- 멘제가 도움을 필요로 하고 있음을 곧 알아차린다.
- 멘제가 성공하는 것을 바라고 있다.
- 멘제의 자존심과 자신감을 키우려고 노력한다.
- 멘제가 하고 싶은 말을 열심히 들어준다. 자신이 듣고 싶어 하는 것에만 귀를 기울이지 않는다.
- 멘제의 인격을 존중한다.
- 차분히 시간을 들여 이야기한다.
- 멘제의 사고방식을 받아들일 수 있어야 한다.
- 멘제를 위하여 온 정성을 기울인다.
- 다시 한 번 시도할 기회를 부여한다.

## Step 4 Talking - - - 서로 간 토론해요

미팅의 네 번째 단계는 두 번째와 세 번째 단계에서 멘토/멘제가 상호 간 의사 소통과 열린 마음 상태로 준비되었으므로 이제 자생력 개발 및 인간성장을 위한 14가지 미팅소재개발을 주제로 목표달성을 위한 토론을 가진다.

  * 멘토는 조언자이고 멘제는 결정권자다.

멘토는 이렇게 말하지 않는다. "시간이 없으니 내가 결론지을게", "다음에는 좀 더 잘 준비해서 요점만 말하라고"

멘토링의 목적은 멘제를 멘토와 같은 인격적인 리더로 재생산하는 것이다. 멘토보다 더 훌륭하게 키우는 것이 선(善)순환의 인재개발이다.

### 1) Hint － 미팅소재 － 14

아래 미팅 소재를 가지고 지난주간 실천사항을 점검하고 앞으로 활동 목표를 정하고 Brain Game으로 실천카드를 작성한다.

주제 1 － 멘토/멘제가 리더로서 적합성(Compatibility) 점수는?

(1) 자질테스트

(2) 역할테스트

(3) 자생력테스트

주제 2 － 멘토/멘제의 인간성(인격, Humanity) 점수는?

(4) 마음테스트

(5) 지식테스트

(6) 건강테스트

(7) 의지테스트

(8) 관계테스트

주제 3 － 멘토/멘제가 생산성(Productivity)에 기여한 점수는?

(9) 경영이해테스트

(10) 업무숙달테스트

(11) SWOT테스트

주제 4 － 멘토/멘제가 장래성(Futurity) 설계 점수는?

(12) 가정영역테스트

(13) 직업영영테스트

(14) 경제영역테스트

## Step 5 Coaching ‒ ‒ ‒ 함께 친목해요

미팅의 네 번째 단계까지는 주로 실내에서 이뤄졌지만 멘토링에서 코칭은 일반적인 업무코칭과 달리 주로 야외에서 상호 간 친목교제를 말한다. 구체적으로 식사, 영화, 오락, 취미, 운동, 등산, 가정방문 등 정서적 분야를 개발하는 시간이다. 1시간 또는 경우에 따라 온종일도 걸릴 수 있다.

\* 멘토와 멘제는 정신적 부문에서는 부부와 같이 일체다.

멘토는 이렇게 말하지 않는다. "회사 출장 때문에 여기서 끝내자구", "활동비를 줄테니 혼자 식사하고 돌아가게"

아름다운 동행! 멘토링은 결코 업무처리 식으로는 성과를 낼 수 없다. 잭 웰치 회장처럼 멘제를 위해 칭찬, 가치인정, 사랑, 키스, 포옹으로 정서적 면에 우선해야 한다.


1) Hint ‒ 친목활동 소재

(1) 개인활동 ‒ 멘토/멘제 정기 미팅 시 개인활동 소재

• 스포츠활동 ‒ 테니스, 골프, 농구, 탁구, 마라톤, 조깅

• 친목활동 ‒ 게임, 특식먹기, 경기장 참가

• 학습활동 ‒ 전공연구 및 세미나, 자격증취득, 교양 및 전문독서

• 가정방문 ‒ 경조사, 위문, 축하, 병문안

• 봉사활동 ‒ 불우이웃돕기, 양로원, 고아원

• 문화활동 ‒ 콘서트, 영화, 음악/미술감상, 서점가기

· 취미활동 - 꽃꽂이 만들기, 새 기르기, 음식 만들기 등
(2) 그룹활동 - 멘토/멘제 계간 전체 모임 그룹활동 소재
· 야유회 활동
· 등산활동
· 체육활동
· 봉사활동
· 장애인돕기
· 농촌돕기
· 해병대 병영체험

## Step 6 Planning - - - 다음 준비하기

여섯째 단계는 오늘의 미팅을 마무리하면서 챙겨야 할 사항을 점검하는 단계다. 왜냐하면 다음의 미팅 시간을 알차게 진행하려면 앞으로 한 주간 준비를 잘해야 하기 때문이다. 먼저 4단계 토론단계에서 다음 주 활동 목표 계획서와 5단계에서 야외 친목 활동에서 의논된 것을 챙기면 된다.

 * 멘토링은 투자(In Put)에 의해 성과(Out Put) 있는 활동으로 이어져야 계속성을 유지할 수 있다.

멘토는 이렇게 말하지 않는다. "요즈음 회사일 때문에 마음이 복잡하니 멘토링은 대충하자고", "체크하는 사람도 없으니 모이는 시늉만 하자고"

조직에서 멘토링은 체계적인 프로그램이 요구되는 제도적 멘토링으로 활동해야 한다. 준비과정에서 계획과 프로그램을 제대로 설계한

후에 그다음 도입과정, 활동과정, 평가과정으로 진행하면서 적정한 프로그램을 소화해야 성공율을 높일 수 있는 것이다.


1) Hint - 멘토링 활동 계획양식

(1) 활동양식 - 멘토/멘제 정기 미팅 시 개인활동 계획서

- 다음 미팅활동 목표 달성을 위한 실천카드 작성(Sheet - Brain Game)

- 수시로 야외 친목활동에 관한 분야 일정 장소 예산 등 계획서


2) 행정양식 - 멘토링 활동에 필요한 행정양식

(1) 멘토 월간 보고서 작성 Sheet

(2) 미팅활동 여부소감 설문도구 양식

(3) 활동비 정산 작성 Sheet


## Step 7 Ending - - - 다시 만나요


오늘의 미팅 시간을 해피 엔딩(Happy Ending)으로 장식하는 단계다. 미팅 시간은 물론 조직에서 할애한 시간이지만 멘토의 주관으로 하되 상호 간 자율을 원칙으로 진행된다.

자율에는 책임이 따르듯이 이미 공인으로서 개인 인격개발 목표와 조직에서 주어진 생산성과 개발목표도 달성하고, 더 중요한 것은 멘토링을 통하여 멘토/멘제 상호 간의 유익이 전제가 되어야 오래 지속할 수 있다.

* 멘토링은 부담이라기보다는 조직으로부터 인재개발 자율권을 인정받고 활동하는 멘토 경영의 한 축이다.

　멘토는 이렇게 말하지 않는다. "회사에서 맡겼으니 내 체면을 봐서라도 잘 해보자고", "길지 않은 기간이니까 대과 없이 지내자고"

　인지상정(人之常情)이라는 말이 있다. 사람은 같이 지내다 보면 더욱 가까워지고 정도 들게 된다는 말이다. 처음은 서로 어색하지만 3개월을 알차게 보내면 정이 들게 되어 더욱 관계가 촉진된다.


　1) Hint-See You Again

　(1) 악수하고

　(2) Hugging하고

　(3) See You Again!


# 3. 실무 Skill-2 Dia 조직개발 기술

　일류 기업이 되기 위한 요건으로 많은 사람들이 지목하는 것 중의 하나가 경영자의 탁월한 리더십이다. 의사결정의 최고책임자로서 기업의 나아갈 방향을 설정하고 조직과 사람을 관리, 리드함에 있어서 그 핵심 축이 바로 경영자이기 때문이다. 이처럼, 조직개발의 최고책임자인 CEO 임원의 리더십이 기업 경쟁력을 결정하는 중요한 원천으로 부각되면서 선진 기업들을 중심으로 활발히 운영되고 있는 4단계 다아몬드 조직개발 멘토링제도를 소개한다.

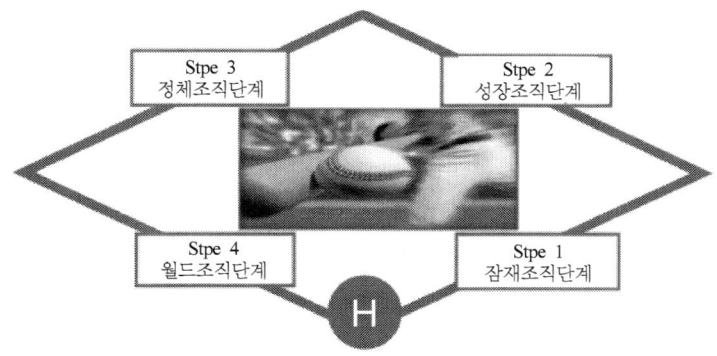

[조직(Organization)개발 다이아몬드 모형도]

1) 단계: 리더인재개발은 Diamond 인재개발의 네번째 단계(Step4)이다.

2) 적용: 각 조직의 리더 임원직에 적용 프로그램이다.

3) 내용: 임원 핵심역량강화를 통한 M-DOD 4S 기법으로 조직개발 프로그램이 초점이다.

4) 기간: 멘토링 활동 12~60개월 기간으로 설정했다.

5) 사례: GE그룹, 삼성그룹

## 3-1 조직개발 4단계 발전과정

어려운 경제 환경에서 참된 기업 경쟁력이란 무엇일까? 고도 성장기에는 매출 지상주의 기업이 주류를 이루었으나 지금의 경제 정체기에는 이익률 중시 기업이 늘고 있다. 이익률 향상을 위해서는 기존의 고객을 유지하고, 이탈을 방지하는 것이 최선의 과제이다. 이것을 실현하기 위해서는 종래와 같이 제품 품질만으로는 차별화가 어렵다.

최근의 경영의 핵심은 어떻게 경쟁력 있는 인재를 확보하여 서비스의 질을 높이고 고객이탈을 막아 이익률을 높일까 하는 것이다. 멘토링 경영의 효과는 이와 같이 인간성/생산성 경영을 실현하는 데 큰 기여를 할 것이다.

[기업 등 조직 발전 4단계]

우선 기업 발전 단계의 정석으로 다루어지는 케키·R·보우트 씨의 저서『고객 로열티 전략』에서 기업의 발전 레벨을 다음과 같이 4단계로 나눈다.

| | |
|---|---|
| **Step 1**<br>잠재조직단계 | 잠재조직단계는 무경쟁적으로 독점적인 위치에서 업무를 계속하는 기업이나 오랫동안 대기업의 하청을 받아 일을 해온 기업에서 흔히 볼 수 있다. 조직상으로 톱다운식으로 결정이 내려지며, 조직 형태는 관료적이고 종적이다. 고객에 대한 차별화는 아직 없으며, 모든 고객이 동일하게 취급된다. |
| **Step 2**<br>성장조직단계 | 고도성장 단계는 원가절감, TQC, TQM, Sixsigma에 주력하는 품질지향적 제품위주 기업이다. 부하나 멘제가 처리하는 업무의 세세한 점까지 관리하고 통제하려고 하며, 조직적으로는 매트릭스(matrix)형의 메니지먼트가 흔히 이용되고 있다. |
| **Step 3**<br>정체조직단계 | 성장 정체 단계는 시장에서의 경합이 심하여 변화에 대한 대응력과 개별 대응력이 요구되기 때문에 자립적인 자율형 인재로의 전환을 추구하기 위해 매니지먼트에 있어서도 멘토나 변화형 리더의 존재를 중시한다. 조직은 플랫화되어 사내의 업무로부터 해방되고 고객의 만족을 위해 한층 더 시간을 소비한다. |
| **Step 4**<br>월드조직단계<br>성공 | 월드 글로벌 경쟁 조직 단계는 고객에게 가치를 부여함으로써 단골손님 육성에 성공한 기업이며, 고객만족의 차원을 훨씬 넘어 고객이탈 제로를 지향하여 이를 달성한 기업이다. 제3단계로 이행할 때는 부터는 멘토링 기법의 도입이 이루어지고 제4단계에서 다시금 지원형 리더로 진화하여 멘토링의 보급이 진척된다. |

| 특성 | 제1단계<br>무경쟁잠재기 | 제2단계<br>고도성장기 | 제3단계<br>경기정체기 | 제4단계<br>국제경쟁기 |
|---|---|---|---|---|
| ① 기본방향<br>② 중요관점<br>③ 고객구분<br>④ 매니지먼트<br>⑤ 조직형태<br>⑥ 기업목표<br>⑦ 경영전략<br>⑧ 인사제도<br>   평가방법 | ① 사내중시주의<br>② 일상용품중심<br>③ 차별화 부재<br>④ 관료적, 독재적<br>⑤ 수직적, 종조직<br>⑥ 고충처리계<br>⑦ 매출과 이익의<br>   극대화<br>⑧ 학력주의 연공,<br>   서열일면평가<br>   제도, 감점식 | ① 원가상감 중시<br>② 기술, 품질<br>③ 일반고객 우선<br>④ 미도로적 경영<br>   (개선운동)<br>⑤ 매트릭스 조직<br>⑥ 예산의 달성<br>⑦ 불편의 극소화<br>⑧ 직능제도, 일면<br>   평가제도, 감점식 | ① 경합중시주의<br>② 고객만족<br>③ 사내고객과 거래선 중시<br>④ 자립화와 멘토<br>⑤ 계층의 제거<br>⑥ 고객의 기대에의 반응<br>⑦ 시장 점유율의 극대화<br>⑧ 목표관리제도 외컨피던<br>   시 가점식 평가 | ① 고객에의 부가 가치<br>② 고객 로열티<br>③ 핵심고객 (단골손님)<br>④ 비전, 격려, 리더, 멘토<br>⑤ 기능 횡단적 팀<br>⑥ 고객 만족<br>⑦ 고객유지의 최대화에<br>   의한 이익의 극대화<br>⑧ 광의의 성과주의<br>   기업이념, 프로세스의<br>   강화), 다면 평가제도 |

## 3-2 고성과형 조직개발로 전환

시장 경쟁이 격화되면 제1단계 상황에 있는 기업은 경쟁력을 유지할 수가 없어서 필연적으로 제2단계 또는 제3단계로 전환하게 된다.

인간은 본래 약하기 때문에 관리하지 않으면 문제를 일으켜 무슨 일을 당할지 모른다는 이유로 관리를 강화해 왔다. 그러나 조직이 커지면 관리비가 많이 드는 반면 생산력이 떨어지는 동시에 경쟁력의 약화를 초래하게 된다.

관리가 엄하면 테두리를 정하여 그 범위에서 벗어나지 못하게 하기 때문에 조직은 활력을 잃게 되어 안전 지향적이고 방위지향적인 관료주의에 빠지고 만다. 자신이나 자신이 속한 부서에 불리한 정보는 은폐하게 되고, 서로 견제하여 많은 에너지가 조직 내부에서 낭비된다. 자극이 없으면 노력도 하지 않게 되고 이것이 현저한 경쟁력의 저하를 초래한다.

경쟁력의 저하를 방지하고 서로 자극하며 위기의식과 사원 개개인의 의식을 높이면서 적절한 동기가 부여되면 관리하지 않아도 자율적으로 일할 수 있게 된다. 과잉 관리는 사람의 에너지를 헛되이 낭비하게 한다. 인간은 존엄성이 보존되고 생명이 존중되면 사람답게 살려고 노력하고, 또한 긍지를 가질 수 있는 환경이 되면 일에 보람을 느낀다.

도요타 자동차에서는 "<스스로 생각한다>는 것은 소중한 일이며, 인간의 지혜는 무한대이므로 그 가능성을 믿는다"는 견해가 깊이 뿌리내리고 있다.

멘토링도 이와 동일한 발상이다. 다시 말해서 스스로 생각하도록 촉구하여 그 능력을 어떻게 끌어낼 것인가를 진지하게 탐구하는 것이며, 그 배경에는 인간성의 존중이 자리 잡고 있다. 스스로 생각하는 것을 존중해야 고성과로 이어진다고 믿는 것이다.

**[인간성 배려하는 고성과형 조직개발]**

| 대항목 | 소 항 목 | 과거형 조직 | 고성과형 조직 |
|---|---|---|---|
| 변혁과 리스크에 대한 자세 | 새로운 아이디어는? | 무시 전례 중시, 고장 날 때까지는 수리하지 말라 | 요구되고 테스트를 받는다 |
| | 위험을 무릅쓰고 일한다 실패한 자에 대한 처우는? | 징벌주의(감점주의) | 한번 더 도전하라!(가점주의) |
| | 변혁하려고 하는 자에 대한 처우는? | 보답이 없다, 싫어한다 (보수주의) | 성공하면 승진 |
| 기대 되는 경우 | 중요한 의사결정의 필요성은? | 지시대로 작업을 한다 | 중요한 의사결정은 작업을 하는 자가 결정할 것을 기대 |
| | 팀워크의 필요성은? | 단독 | 팀을 구성, 정기적인 배치, 변경이 있다 |
| | 단순한 업무는? | 항상 같은 방법으로 추진 | 다양한 시도가 요구된다 |
| | 문제 해결은 누가 하나? | 감독자 | 스스로 한다 |
| 대항목 | 소 항 목 | 과거형 조직 | 고성과형 조직 |
| 조직의 관리자의 역할 | 관리방법 | 감시자·책임자 | 지원자·진행 역·마무리 역 |
| | 규칙의 준수 | 규칙의 준수가 원칙 | 혁신을 추진 |
| | 멘제에 대한 피드백 | 거의 없다 | 정기적으로 행한다 |
| | 커뮤니케이션의 방법 | 일반적, 의견을 듣지 않는다 | 쌍방향 커뮤니케이션 |
| | 작업의 할당, 계획, 작성, 훈련 실시, 업무순서의 결정 | 관리직의 업무 | 멘제가 스스로 정한다 |
| | 명령계통 | 절대 복종의 명령계통 | 자유롭게 서로 대화하여 의견교환 |
| | 관리직 현장감독의 필요성 | 현장감독의 필요가 있다고 생각한다 | 현장에 있을 필요가 없다고 생각한다 |
| 조직 개발팀 형태 | 조직계층 | 수많은 조직계층 | 플랫한 팀 |
| | 기본 구성단위 | 직능별 부문 | 작업 팀 |
| | 라인과 스태프의 분리 | 관리 | 완전 통합 |
| | 사원의 일체감 | 일체감이 없음 | 강한 일체감이 있음 |
| | 부분 간의 회의 | 거의 없음 | 번번히 있음 |
| 변화 대응력 | 조직으로서의 환경변화 | 둔한다 | 신속대응 |
| | 신기술의 채용, 기존기술의 전용 | 늦다 | 즉시활용, 혁신적 응용방법을 잘 생각해 낸다 |
| | 제품의 범위, 시장 도입의 속도 | 한정된 상품뿐이고 시장 도입에는 시간이 걸린다 | 다양한 제품과 서비스를 제공, 고객의 요구변화에 대응 |
| 평가 | 보수형태 | 일정한 보수 연공 보수 | 개인·팀의 업적과 성과에 따른 보수 |
| | 인센티브 제공 대상자 | 일부 간부가 대상, 개인 베이스의 지급 | 전 직원이 공평히 분배, 팀워크에 대해 제공 |

# 행복⁺
# 멘토양성
# 실무기술

MENTOR

초판인쇄 | 2012년 8월 10일
초판발행 | 2012년 8월 10일

지 은 이 | 류재석
펴 낸 이 | 채종준
펴 낸 곳 | 한국학술정보㈜
주    소 | 경기도 파주시 문발동 파주출판문화정보산업단지 513-5
전    화 | 031) 908-3181(대표)
팩    스 | 031) 908-3189
홈페이지 | http://ebook.kstudy.com
E-mail | 출판사업부 publish@kstudy.com
등    록 | 제일산-115호(2000. 6. 19)

ISBN    978-89-268-3636-1 03320 (Paper Book)
        978-89-268-3637-8 05320 (e-Book)